# 史记中的大舜

走进释古时代丛书

山东省大舜文化研究会成果

赵志刚 著

山东城市出版传媒集团·济南出版社

图书在版编目（CIP）数据

史记中的大舜 / 赵志刚著 . -- 济南 : 济南出版社，2019.5
ISBN 978-7-5488-3695-7

Ⅰ . ①史… Ⅱ . ①赵… Ⅲ . ①舜 - 传记 Ⅳ . ① K827=1

中国版本图书馆 CIP 数据核字（2019）第 086153 号

史记中的大舜 赵志刚 / 著

出 版 人 / 崔 刚
责任编辑 / 范玉峰 王东勃
封面设计 / 刘欢欢

出版发行 济南出版社
地 址 济南市二环南路 1 号 250002
网 址 www.jnpub.com
电 话 0531-86131727
传 真 0531-86131709
经 销 各地新华书店

印 刷 济南龙玺印刷有限公司
成品尺寸 170mm×240mm 16 开
印 张 10.5
字 数 290 千
版 次 2019 年 5 月第 1 版
印 次 2019 年 5 月第 1 次印刷
印 数 1-2000 册
定 价 68.00 元

发行电话 0531-86131730 / 86131731 / 86116641
传 真 0531-86922073

# 序

《〈史记〉中的大舜》是一本通俗易读的作品，作者赵志刚同志一直热心于舜文化的研究和宣传，这本书凝聚了他多年来的学习心得，我读后很为他勤奋好学、学有所获感到高兴。

中国人自古有治史的优良传统，这是中华文明传承不息的重要原因，也是中国古代文明与其他古代文明的重要区别。中国历史首推“二十四史”，“二十四史”首推《史记》，《史记》首篇就是《五帝本纪》，《五帝本纪》用过半篇幅记述了舜。舜是研究中华文明起源绕不过去的关键人物，舜文化的传承对今天坚定文化自信、价值自信、道路自信有着重要的现实意义。然而司马迁写成《史记》已有两千多年，古字文言，今天普通读者读起来还是有困难的。

志刚同志写这本书首先注重了易读、易懂的普及性，他下了不少功夫，广泛采纳各家所长，把《史记·五帝本纪》中关于舜的记载逐字逐句翻译出来，从而保证比较准确表达原文的意思，又力求译文通顺明白，将舜的一生如讲故事一样娓娓道来，让普通读者更容易了解舜，了解我们的中华先民怎样艰辛创业，了解中华优秀传统文化传承和当今中华民族伟大复兴的紧密联系。同时，他还广泛搜集资料，用舜的故事为主线，串联了大量历史知识点。对这些知识点，他少量直接引用原文，多数都融会贯通、提炼成简洁明了的文字，几乎概括了尧舜时期社会、政治、经济、文化、宗教等方方面面的背景知识，使普通读者能够更好地理解史料记载的内涵，了解中华文明的历史渊源、发展脉络和基本走向，这就有一些文化积累的意义了。在做好这些工作的基础上，他又引用了不少考古成果，结合历史文献对一些历史问题进行了大胆、科学的推理分析，视角比较独特，观点比较新颖，值得一看。

近些年来，随着国家中华文明探源工程新成果的不断发布，研究中国上古史的资料越来越多，中国上古传说时代的历史真相也被逐步地揭开。了解我们国家自己的历史文化，热爱我们国家自己的历史文化，宣传和弘扬我们国家自己的历史文化，是实现中华民族伟大复兴的必然要求。在这样的时代背景下，这本书若能激发更多国人对我们自己祖国历史的关心和热爱，肯定是一件好事。

是为序。

安作璋

2018.3.27

# 前 言

中华文明起源于何时？中国人的道德伦理体系何时建立的？中国人有没有宗教？中国人有没有信仰？在我们实现中华民族伟大复兴的新时代征程上，这些问题越来越受到人们的关注。习近平总书记指出：要讲清楚中华优秀传统文化的历史渊源、发展脉络、基本走向，讲清楚中华文化的独特创造、价值理念、鲜明特色，增强文化自信和价值自信。那么中华优秀传统文化的历史渊源是什么？在国学热喷涌的今天，有不少人认为当然是儒家文化、孔孟之道。这是从思想史上来说的，与整个中华文化的历史渊源不属于同一个层次上的话题。儒家学说的创立一般认为始于孔子，但儒家文化的渊源必须溯源至上古。换言之，中华优秀传统文化的历史渊源应该从中华文明起源中寻找。根据考古发现和古史传说，在原始社会末期，文明的因素已积累甚重（这类因素还在母系社会阶段就已发生），而现在学术界越来越倾向于认为，《史记》第一篇所述的“五帝”时代，大致相当于考古学上的龙山文化时期（绝对年代大约在距今4600年至4000年间），中华先民已经进入了文明社会。可以说，这一阶段的后期即是尧、舜、禹时期，大致在距今4300年左右至

4000年前后，或者说在公元前2300年至前2000年。

在这个时期，中华民族的基因和特质逐渐形成。这个时期的代表人物就是舜，他在中华文明起源和中华优秀传统文化基因的形成中都起着举足轻重的作用。他所代表的舜文化薪火相传，更是深刻影响了数千年中华优秀传统文化的发展脉络和基本走向。因此，要讲清楚中华优秀传统文化的历史渊源，就必须要弄清楚舜究竟是什么样的人物。

舜，相传为姚姓，名重华，史称大舜，东夷人。位尊五帝，中华人文始祖之一；二十以孝闻天下，开创中华孝文化，名列中华二十四孝之首；创建中华传统伦理道德体系，被奉为中华道德始祖，司马迁赞叹“天下明德皆自虞帝始”；建立中国历史上第一个王朝——虞朝，与上古“三代”并列，史称“虞夏商周”，是中华文明的缔造者和开创者。据《尚书》《史记》记载，舜起用大禹，根治了洪水；任用皋陶，制定了中国最早的法律；改九州为十二州，设官分职，建立了最早的官员考核制度；制定五服；统一五礼；推行五教。最后以天下为公，禅位大禹。舜文化源于东夷文化，又融合了华夏文化，从而集两种文化之大成，代表了追求天下大同、天下为公、天人合一、社会和谐的中华文明起源文化，诞生了此后几乎全部中华文明的重要特质和基因。舜文化的特点是包容、融合、和谐；舜文化的实质是以“孝”“仁”“和”为核心的道德文化。舜文化是齐鲁文化的重要源头，是儒家文化的重要源头，也是中华文明的重要源头。

古往今来，关于舜的史料记载比较多，最早且比较全面的首推《史记》。《史记》是西汉著名历史学家司马迁撰写的中国第一部纪传体通史，被列为“二十四史”之首，它记载了上至黄帝，下至汉武帝共三千

帝舜画像

多年的中华历史，与《汉书》《后汉书》《三国志》并称“前四史”。司马迁写《史记·五帝本纪》，曾游历了大江南北，向西到了崆峒，向北到了涿鹿，向东到了海边，向南到了长江淮河，所到之处都要访问当地长老，可以说是做了大量的调查研究。他还翻阅了大量史籍以及诸子百家的论著，最终完成了写作。《史记》流传至今，随着考古材料、出土文献方面新发现、新成果的不断问世，其中关于夏商周三代的历史记载已被确认为信史，特别是近年来随着中华文明探源工程一大批新成果的出炉，其对尧舜时期的一些记载也找到了比较确凿的考古证据。

司马迁的《史记》文字尽管比较平白，但今天非历史专业的人读起来还是有一定难度。因此我先是找了上海古籍出版社和中华书局两个版本的《史记》，这两个版本基本包括了史记三家注[①]的精华；在安作璋教授指导下，又参考了杨海峥先生整理的日本泷川资言著《史记会注考证》；同时还找了上海古籍出版社的孔颖达注《尚书正义》、曾运乾校《尚书》、杨树达著《尚书易解》、岳麓书社的《尚书今古文全璧》等书目和现代学者的研究论文资料作为参考，对《史记·五帝本纪》中关于舜的记载进行了解读，这个过程中我希望尽量可以让没有基础的爱好者也能非常容易看懂，因此在语言表述上尽量通俗简明。《史记》中夏本纪等其他篇章也有对舜的记载，本书暂未探讨，留待将来继续学习钻研。

最后，有四点要注意。

第一，本书的性质。这不是一本专业学术的小册子，而是宣传“舜

① 即南朝宋裴骃《史记集解》、唐司马贞《史记索隐》、唐张守节《史记正义》的合称。原各单行，后合为一编。

文化”的普及通俗读物。讲舜文化离不开考古发掘的资料和历史文献的记载，但解读的对象、原则、方法和考古、历史研究不一样。文章在涉及考古、历史文献时会尽量保持严谨，但更多关注的是文字中所蕴藏的文化信息。因此，本书可以看成是对《史记》尧、舜记载的单纯文本解读，至于文本中存在难以彻底弄清的考古和历史问题，通常不做深入探讨，也不做对错评判，涉及的问题暂且存疑，留待考古和历史学家去研究，本书仅就所见文本内容进行解读。

第二，关于《史记·五帝本纪》中的神话问题。如同世界上每个古老文明一样，中国的远古史也是与神话传说交织在一起的。从马克思主义宗教观的观点看，这种情况的形成与中国原始宗教有着密不可分的关系。神话的本质是人类宗教神迹观念的具体体现，尤其是在人类文明起源之初，历史是靠口耳相传的，哪些人会对祖先的历史进行一代代的传颂呢？无外乎巫觋或兼任巫觋的氏族、部落首领。在这种情况下，祖先崇拜的内容毫无疑问会和神迹观紧密结合在一起，唯有如此才能彰显祖先的伟大功绩，这也就导致了我们今天所看到的上古史往往和神话传说紧密结合的状况。然而我们今天必须认识到：这些与上古史紧密结合的“神话”在身处那个时代的所有人眼中，是绝对真实的历史，而绝非我们今天所认为的“神话”。“所以，这些‘神话’必然包含着反映当时某种社会现实的史实因素，或者反映了那个时期先民们的精神世界”。司马迁写《史记·五帝本纪》也参考了大量古籍资料，按《五帝本纪》末“太史公曰”所说，司马迁是相信《尚书》中《尧典》《舜典》的记载的，他认为《大戴礼·五帝德》及《帝系姓》篇也有来历，指出“予观《春秋》《国语》，其发明《五帝德》《帝系姓》章（彰）矣”，

“其所表见皆不虚”。他综合了这些传说史料，舍弃“百家言黄帝”的一些“不雅驯”的记载，而“择其言尤雅者”，写出了《史记·五帝本纪》。这些史籍资料中包含着不少神话传说，司马迁也将其保留了下来。今天看来，这并不影响《史记》作为一本珍贵史籍的重要地位，反而为我们对古人社会生活进行全方位解读提供了难得的资料。

第三，《史记·五帝本纪》中对舜的记载有明显前后不一致的情况存在，这个问题让我感到困惑，比如“驱逐四凶”这个重要事件的发生时间：在尧本纪中写驱逐四凶是在舜摄政之后，而在舜本纪中写驱逐四凶是在舜摄政之前。后来求教于安作璋教授，他告诉我这种情况很可能是《史记》在传承整理过程中出现了缺失、遗漏和顺序颠倒造成的，这里面还隐藏着一个悲惨的故事。司马迁生活在西汉早期，写《史记》用的是竹简。司马迁完成《史记》后担心触怒汉武帝，没有将其流传于世而是藏在家中，后来传给了女儿。据《汉书》记载，司马迁的外孙杨恽从母亲那里得到了《史记》，爱不释手。杨恽为人轻财好义、大公无私，又颇有才华，但由于一封《报孙会宗书》[①]触怒了汉宣帝，本人被腰斩于市，妻儿发配酒泉，家产抄没充公，《史记》竹简本也在抄没之列，直到西汉末年刘向父子整理史籍才得以重见天日。这期间很可能由于管理不善，部分书简散乱了，刘向父子整理时遇到了断简、残简、排列错误等情况，导致整理出来的文本也出现了前后不一致的情况。安作

① 杨恽写给朋友安定太守孙会宗的一封著名书信。信中以嬉笑怒骂的口吻为自己狂放不羁的行为辩解，讥刺朝政，表达了对汉宣帝的不满。信文文采飞扬，行云流水，颇有其外祖父司马迁《报任安书》的风格。后被清人收入《古文观止》。

璋教授找出《汉书》杨恽遇难这一节让我认真阅读，嘱我一定在前言中把这个问题讲出来，以便读者有更多一些了解。

最后一点，关于热情。学习、研究特别是想要宣传和弘扬我们中华民族的历史文化首先要有一腔爱国主义的热情。在这里我照搬钱穆先生《国史大纲》中的话来向这位老先生和所有爱好中国历史文化的朋友致敬。

> 当信任何一国之国民，尤其是自称知识在水平线以上之国民，对其本国以往历史，应该略有所知。（否则最多只算一有知识的人，不能算一有知识的国民）
>
> 所谓对其本国以往历史略有所知者，尤必附随一种对其本国以往历史之温情与敬意。（否则只算知道了一些外国史，不得云对本国史有知识）
>
> 所谓对其本国历史有一种温情与敬意者，至少不会对其本国以往历史抱一种偏激的虚无主义（即视本国已往历史为无一点有价值，亦无一处足以使彼满意），亦至少不会感到现在我们是站在以往历史最高之顶点（此乃一种浅薄狂妄的进化观），而将我们当身种种罪恶与弱点，一切诿卸于古人。（此乃一种似是而非的文化自谴）
>
> 当信每一国家必待国民具备上列诸条件者比数渐多，其国家乃再有向前发展之希望。（否则其所改进，等于一个被征服国或次殖民地之改进，对其国家自身不发生关系。换言之，此种改进，无异是一种变相的文化征服，乃其文化自身之萎缩与消灭，并非其文化自身之转变与发展）

钱穆先生所讲，实际上是应用于我们每一个热爱祖国、热爱中华民族之人的。望与各位共勉！

# 目　录

上　篇

# 尧本纪中的舜

# 第一章　谁来接我的班

司马迁写《史记·五帝本纪》，黄帝、颛顼、帝喾、尧每人一章分别叙述，但对舜的记载却在尧本纪中就提前开始了，因此舜在《史记·五帝本纪》中的出场可谓未见其人，先闻其声了。

故事是从尧在位七十年的时候开始的。在位七十年，尧感觉力不从心了，这时候有个问题天天困扰着尧：谁来接我的班呢？

> 尧曰："嗟！四岳：朕在位七十载，汝能庸命，践朕位？"岳应曰："鄙德忝（tiǎn）帝位。"尧曰："悉举贵戚及疏远隐匿者。"众皆言于尧曰："有矜（guān，同鳏）在民间，曰虞舜。"

尧问四岳："啊，四岳，我在位七十年了，你们谁能接任我的位子？"四岳说："我们德行不够，有辱帝位。"尧说："推举一下你们亲朋好友以及认识的人。"众人都对尧说："民间有个没结婚的男人，叫虞舜。"

这是舜的名字在《史记·五帝本纪》中第一次出现，本人没有露面，是尧手下的大臣提到了他，而且还不是普通的聊天场合，是在一次非常重要的高等级议事会上提到了他。

四岳是谁？

这是个众说纷纭的名词。自古以来的争论主要有：四岳究竟是一个人还是四个人？是邦国部落首领还是尧唐集团高层官员？是一种职位称呼还是氏族内部的尊称？

比较流行的说法认为四岳是“四方诸侯之长”，如《辞海》就解释为“事实上是四方部落酋长”。这种说法认为“四岳”是当时除尧之外四方实力最强大的诸侯代表。尧当政之时，中华大地上邦国、部落林立，在发展过程中逐渐形成了黄河中上游的华夏集团、黄河下游的东夷集团和江淮流域的三苗集团。其中华夏集团和东夷集团形成了联盟，联盟中各邦国和部落中最强大的就被推选为邦国联盟的盟主。尧的邦国是当时最强大的，他之下是仅次于陶唐氏的邦国、部落首领，这些首领之下，是更小的邦国、部落首领。在这种政治架构中，各层级的邦国、部落会服从上层相对应邦国、部落的命令，但各层级邦国、部落的内政事务是相对独立自主的，不受上层和平级的邦国、部落干涉。根据这种说法，“四岳”，就是仅次于陶唐氏的四方邦国、部落首领。

然而这一说法存在问题。首先是“四岳”的地位远远超过了四方邦国部落首领，且在众臣之上，是一种极为尊贵和特殊的存在。为什么？因为尧帝直接问“四岳”能不能接替他的位置，不用任何推荐！而其他候选人都需要经过推荐才行。其次，“四岳”明显是长期在尧身边辅政，如果他们是四方的邦国、部落首领，他们自己邦国、部落由谁来执政呢？这个问题就很难解释了。

因此，我认为郑玄的解释比较可靠。郑玄认为：四岳为“四时官，主方岳之事”。岳，本意是高山的意思，“四岳”应该与自然崇拜中的高山崇拜有关，“主方岳之事”说明这个称呼很可能是当时对部落中负责祭祀山神的巫师的尊称。需要注意的是，这个“四岳”和“五岳”（东岳泰山、西岳华山、北岳恒山、南岳霍山、中岳嵩山）不是一回事，是指西方的四座高山。“四岳”还担任着观察测算历法、颁布农时、指导农业生产的重任，后来慢慢演变成了一种职位。到尧执政时期，担任这一职位的很可能就是羲仲、羲叔、和仲、和叔。当时执掌四时、主祀方岳被认为是传达神灵旨意的，攸关天下黎民的生计，地位非常高，也是尧身边最为亲信的人。所以，尧想找接班人第一时间就向他们询问。

尧这时候多大岁数了呢？“在位七十载”，“载”，年的别名，就是“在位七十年”。西汉孔安国讲，尧十六岁继位，在位七十载，时八十六。八十六岁，这岁数确实不小了。他想干什么呢？想从四岳中找个接班人：你们谁觉得自己可以就站出来，大家来看看行不行。

但四岳非常简单直接地给他否了：我们德行不够，干不了。原话中有个词：“鄙德”，什么意思？鄙德，鄙俚无德，粗野庸俗，没有德行。这词够谦逊，“四岳”也是具有非常高的德行啊，为什么要在盟主面前如此贬低自己？

是谦虚么？

他们可不是谦虚，他们非常清楚，要想继承这邦国联盟盟主之位，一定要具备更高的德行和才能，尤其是“德”，必须能服众才行。从这点上，我们可以看出中华文明的一个特点，就是用人时对道德的重视，不管你做什么事情，首先要过道德这一关，个人有个人道德，家庭有家庭道德，社会有社会道德，职业有职业道德，从政有政治道德。这个特点一直传承到今天，我们国家现行的干部选拔任用就坚持“德才兼备，以德为先”的原则，并且在党章中作了明确规定。

尧听了这个回答，也不再继续客气：既然你们不行，就推荐别人吧，认为谁行就推荐谁，没那么多条条框框。这时候出现了个非常有意思的场面：不仅仅是四岳了，“众”，大家伙，凡是参加这次重要会议的大臣一致推举了舜。

舜自己还不知道怎么回事，就已经全票通过提名了。这么高规格的一场会议，这么重要的一件大事，这么多的诸侯大臣，这事看起来也太

帝尧画像

儿戏、太草率了吧？

当然不是。

说到这里，我们有必要看看这场会议的背景。

这场会议实际上是九年前一场会议的延续。九年前，七十七岁的尧曾经召开了一次同样议题的会议。会议的内容是这样的：

> 尧曰："谁可顺此事？"放齐曰："嗣子丹朱开明。"尧曰："吁！顽凶，不用。"尧又曰："谁可者？"讙兜曰："共工旁聚布功，可用。"尧曰："共工善言，其用僻，似恭漫天，不可。"尧又曰："嗟，四岳，汤汤（shāng shāng）洪水滔天，浩浩怀山襄陵，下民其忧，有能使治者？"皆曰鲧可。尧曰："鲧负命毁族，不可。"岳曰："异哉，试不可用而已。"

尧问："谁能接我的班？"大臣放齐回答："您的儿子丹朱很开明。"看，不仅推荐人选，连推荐理由都讲出来了。但是，知子莫若父啊，尧立刻就表示反对，而且对放齐很不满："吁！"这个字带着对丹朱的叹息，也带着对放齐的责怪：你虽然好意，但选接班人这样的大事怎么能感情用事呢？

尧为什么不满？原来他认为丹朱"顽凶"，什么是顽凶呢？心不则德义之经谓之顽，争讼谓之凶。就是说丹朱不遵守常行不变的道德礼义，又好争讼。所以，尧的结论很明确：不能用。

然后尧又问："还有谁可以？"大臣讙（huān）兜开口了："共工功劳不小，可以用。"共工是个什么人物？共工是水官名，也是个氏族的名称。尧执政时期，很多氏族会因为特长不同而被委任相应的社会职务，而这个氏族就以这个职务作为自己氏族的名称，氏族首领也用这个职务来代称。共工氏族善于治水，因此当时被委任了治水的“共工”一职，所以以共工为名，他们代代相传的首领也都被叫作共工。共工一职在当时是非常重要的社会职务，能担任这个职务的肯定不是一般人物。

但是尧怎么看呢?

尧回答：“共工善于言语，用意邪僻，看似恭敬，罪恶漫天，不可用。”不但否决了讙兜对共工的提名，而且还对共工进行了严厉批判。尧对共工的态度明显要比对丹朱严厉得多，甚至到了敌视的程度。我们记住这一点，将来还会回头重温这一点。

会议进行到这里，大臣的举荐让尧非常失望，所以接下来他决定换个议题：四岳，滔天的洪水滚滚而来，浩浩荡荡地包围了群山，淹没了丘陵，黎民忧心忡忡，有谁能使他去治理呢?

不得不佩服尧的政治智慧，眼看接班人问题一时讨论不出结果，就主动改变议题避免了被动。而新的议题又与上一个议题密切相连。接班人没有推荐好，总能推荐一个会治水的吧?治水是关系重大的事情，如果成功了，就可以考虑来接班。

这次大家伙推荐谁呢?

大家伙都不傻，尧的意见已经非常明确，再推荐丹朱和共工估计要挨骂了，那就换个人推荐吧。

于是皆曰鲧可。

我们刚刚讲过，九年后的接班人推荐会上，“皆曰虞舜”。九年前推举治水领袖，“皆曰鲧可”。

鲧，帝颛顼（zhuān xū）之子，这可是个不折不扣的贵族，按《史记》记载，鲧是黄帝的曾孙辈，尧是黄帝的玄孙辈，鲧算是尧的叔叔辈！当然这个谱系自古就备受史学界争议，但可以看出鲧这个人地位很高，而且从“皆曰鲧可”来看，他的威信还不低，在治水人选上众人给他投全票，这很说明问题的。

对于这个推荐，尧的回答是：鲧性格乖张，违负教命，毁败善类，不可用。

这下四岳着急了：鲧要是不行，那就没人能用了！试试看，不行再换。从这点又再次证明了鲧这个人的地位和威信，虽然他有缺点，但在四岳眼中，别人还比不上他呢。所以，鲧在历史上是个很有争议的人物，这个留待后话。面对大臣们的一再恳求，尧也终于做出了让步，决定用鲧治水。

但是很可惜的是果然被尧言中，鲧治水整整九年没有成功。

这九年过来，尧也老了九岁，从七十七岁到了八十六岁，精力更难以应付邦国联盟盟主这个职务了。他不能再耗下去了，因此这次会议上他直接问谁能接班，而且挑明了要海选。

于是就有了皆曰虞舜。可以推断，这九年中除了鲧不争气，没给推荐他的众人争脸这个理由，一定还发生了什么其他的事情，才会让众人从“皆曰鲧可”变成了“皆曰虞舜”。

**尧曰：“然，朕闻之。其如何？”**

尧的回答很耐人寻味：“对，我听说过，这个人怎么样？”

他听说过。

要知道在尧那个时代可不像我们现在的自媒体时代，信息传播的方式多样，速度奇快。那个时代的信息真的就是靠“听说”。我听你说，你听他说，他听别人说，几乎完全靠口口相传。问题来了，尧身居邦国盟主之位，是怎么听到了舜的名字？舜一定是做出了什么非常伟大的事情，名闻天下，才能传到尧的耳中，那么舜究竟做了什么惊天动地的事儿才会名闻天下？

> 岳曰："盲者子。父顽，母嚚（yín），弟傲，能和以孝，烝（zhēng）烝治，不至奸。"

四岳回答了：舜是一个盲人的儿子。他的父亲不遵守德义，母亲（继母）不讲究忠信，弟弟傲慢无礼，但他都能用孝道对待他们，始终保持着家庭和睦，使他们不至于变得邪恶。烝烝，孝德厚美。简单说，就是舜用孝道保持了家庭和睦，而且让家人都能好好做人，不作奸犯科。这是个难得的大孝子，放在今天，可以给舜颁发全国道德模范或者感动中国十大杰出人物奖。

可尧要找的是治理天下的盟主接班人啊，这能行吗？

然而令人难以置信的事情发生了。

> 尧曰："吾其试哉。"于是尧妻之二女，观其德于二女。

尧居然没有反对，而是说："那我就试试他。"接着把两个女儿都嫁给舜做妻子了，说是要通过这事来考察舜的德行。

这也太突然、太简单了吧？

尧是不是太轻率了？

当然不是。

尧这么做是经过深思熟虑的。到底找一个什么样的接班人，他一定考虑了不止九年。我觉得，尧并非一个没有私心的完人，然而在找个以天下为公、追求天下大同的接班人这点上，他非常坚持，所以他拒绝了放齐对丹朱、讙兜对共工的推荐。如今，这个人选出现了。对，就是看起来只不过是个孝子加光棍的舜。

在尧看来，四岳对舜的描述中隐藏的信息量很大：

舜的家庭中，父亲、继母、弟弟有着不同的缺点，都是那种不会和人好好交往的人。在常人眼中，这样一个家庭绝对不可能和睦相处，舜在其中又处于非常被动的地位，另外三个人携手一致对付他，然而他却做到了处处主动，不仅保持了这个家庭始终和睦相处，而且让三个心地不好的家庭成员也始终没有犯什么大错。这种包容的胸怀，这种真正的孝道必须建立在柔软但却坚不可摧、宽厚但却绝不动摇的高尚道德基础上，这种能够随时随地妥善解决复杂和棘手矛盾的能力必须具备过人的智慧才能做到。这正是尧看中舜的地方，他看到的不仅仅是舜高尚的品格，还有宽广包容的胸怀和超越常人的智慧。

尧一旦下了决心，就立刻付诸行动，把两个女儿嫁给舜。

尧的两个女儿，姐姐叫娥皇，妹妹叫女英，民间传说这二人是双胞胎姐妹。尧嫁二女事先有没有征求这对姐妹花的意见呢？民间有很多关于尧帝访贤的传说。大致是说尧听说了舜的美名，带着两个女儿亲自到民间去访舜，和舜在田间畅谈人生国事，觉得小伙子不错，两个女儿也满意，于是当场决定将两个女儿嫁给他。我们今天不能证明这些传说的可信性，但尧一定通过多种渠道对舜进行过了解，娥皇和女英也有可能听闻了舜的事迹，对这个未来丈夫有了比较深刻的印象。对她们来说，嫁给这样一个人品好有智慧的有志之士是完全可以接受的。

尧嫁二女给舜，首先反映了那个时期应该是实行一夫多妻制的。其次要注意的是，司马迁在《史记》中只是写“妻之二女”，并没写尧的两个女儿叫什么名字。我们翻开史料可以发现，在司马迁之前包括司马迁还没有人叫出尧的两个女儿的全名。《尚书》《吕氏春秋》都只是称其为“二女”，未提名字，《尸子》中写道“妻之以皇，媵（yìng）之以英。”也未提及全名。直到西汉末年刘向才在《列女传·有虞二妃》中明确写道：“有虞二妃，帝尧二女也，长娥皇，次女英。”本书采用了刘向的说法，希望司马迁老先生不会反对吧。

# 第二章　齐家治国

尧决定对舜进行试用是为了政治目的，但把两个女儿嫁给舜和政治目的有什么关系?

我认为这首先是一种政治联姻。东西方历史中我们常常会看到类似的情况，为了政治利益，两个王国或者两大家族进行联姻，从而结成更加强大巩固的联盟。在夏商周三代这种情况比较常见，而且通常来看，嫁女之族的地位要高于迎娶之族。作为政治联姻，尧的政治资本是没有问题的，他有着最强盛的邦国。而舜呢？“有矜（guān，同鳏）在民间”，民间一个没结婚的光棍，他的政治资本在哪里？我们留待后面细说。

第二这是尧对舜的人品进一步考察的需要。舜毕竟是个光棍，没有成家，夫妻之道会不会是他的一个短板呢?而且尧对舜的了解仅限于外人传说，其真实成分究竟有多少？在身份地位发生重大变化后，舜还能继续保持一贯的道德品行么？通过两个女儿的贴身观察，尧可以得到更确定的答案。

第三这是尧为舜进入执政集团进行的铺垫。以舜当时的身份地位，从政一定会遇到各种阻力和掣肘。成为尧的爱婿后，舜的身份地位都得到了巨大的提高，一般人很难给他制造困难，他直接从一个较高的平台进入政坛，避免了不少羁绊，也少了很多后顾之忧。

由此可见，尧这个人做事情是非常缜密的。

但是另一个问题出来了：舜娶妻没有告诉父母。

虽然在尧舜时期还没有“媒妁之言，父母之命”的说法，但后世儒家可是把这说法奉为圭臬，他们把舜作为孝文化的开创者、二十四孝之首，自然要用这说法来衡量舜。孟子的学生万章就质疑舜的孝子身份，他说：“《诗》云：‘娶妻如之何？ 必告父母。’信斯言也，宜莫如舜。 舜之不告而娶，何也？ ”意思就是：《诗》说了，娶老婆一定要告诉父母，舜最该明白这道理啊，怎么却违反呢？娶媳妇这样的大事不告诉父母，是违反孝道的行为，怎么还能称得上孝子呢？

孟子如何回答自己学生的提问呢？他说：“告则不得娶。男女居室，人之大伦也。如告，则废人之大伦，以怼父母，是以不告也。”意思就是：舜知道告诉父母（娶妻的事）不会得到同意，肯定娶不成老婆。结婚是人伦大事，不娶老婆就违背了人伦常理，以此对抗父母更不对，所以舜不告而娶。说的再直白点，就是说：不娶老婆更不孝！所以，舜不告而娶是更高的孝。

万章听明白了，但估计还有人没听明白。所以孟子后来又对这个问题进行了更深的理论解释：“不孝有三，无后为大。舜不告而娶，为无后也。君子以为犹告也。”这条解释直接动用了儒家的基本教义，辩解力度很强大。儒家文化以仁为本，而孝道是仁之根本；儒家重礼，而孝道是礼的重要内容。由此可见孝道在儒家文化基本教义中的地位之高。而对于孝道的理解，孔子、孟子都非常注重这样一条，能不能做好父母身后事。孔子说：“生，事之以礼；死，葬之以礼，祭之以礼。”注意，“祭”之以礼，后人对前人进行祭祀是非常重要的事情。孟子更激进，他说：“养生者不足以当大事，惟送死可以当大事。”他认为给老人送终祭祀比养老还重要。那么做好这一条就有个基本条件：你得有后代才能保证祭祀不断。如果不结婚生子，没有后代，就等于断了父母和祖先的香火，这是最大的不孝。而舜呢？个人条件没得说，人才优秀，二十岁就孝闻天下。可是呢？到了三十还是鳏夫一个。为什么？家庭条件不好，不，不是不好，而是极其恶劣。一个家里三口人天天想着怎么杀了他，谁敢嫁给他当老婆？舜也是干着急没办法。尧嫁二女带来了一个天赐良机，这恐怕也是舜唯一的机会了，因此他不告而娶。其行为表面看起来有违孝道，实际上却是大孝。

于是，舜把尧帝的两个女儿娥皇、女英带回了妫汭（guī ruì）的家中。

舜饬下二女于妫汭，如妇礼。尧善之。

舜迎娶二女到有虞氏居地妫汭，其仪式皆合乎娶妇之礼。“饬下”读作“敕下”。《尧典》原作“厘降”，“厘”亦当读作“敕”。古人称帝王指示叫“敕”，实际在上古时代还没有这类专用词，就是“让”“使”的意思。“饬下二女”就是让舜来迎娶安置二女。看来在这个过程中舜的所作所为是中规中矩的，和纡尊降贵的娥皇、女英相处也是和谐的。因此，尧很满意，于是开始对舜进行从政方面的试用：

乃使舜慎和五典，五典能从。乃遍入百官，百官时序。宾于四门，四门穆穆，诸侯远方宾客皆敬。尧使舜入山林川泽，暴风雷雨，舜行不迷。

从这里开始，舜就应该来到当时邦国联盟的驻地了，至于这个驻地在哪里还不好说，有人认为就是“尧都平阳”的平阳，很可能就是今天发掘的山西陶寺遗址。

在这里，尧给了舜第一项任务：“慎和五典”，“慎”，谨慎，用心。“和”，调和，理顺。“慎和五典”在《尚书》中写作“慎徽五典”，“徽”是美好的意思。五典有三种说法，一是指中国最古的书籍，即三坟五典，这个和本文无关；二是指五常之教，即父义、母慈、兄友、弟恭、子孝。这句话里的五典是指五常之教，按此说法解释就是说舜很用心地做好五常教化之事，也就是司徒一职。效果呢？“五典能从”，人们都能够听从舜的教化。第三种说法认为，五典是指司徒、司马、司空、司士、司寇“五官之典”，“五典能从”就是能使各种典制都被遵从。

接下来，尧又让舜担任各种公职，舜把各种公职都处理得井然有序。也有专家认为，尧是让舜参与管理百官的事务，不是担任各种公职。不管是哪一种说法，可都不是一般人能担当的。在尧的时代，虽然从政主要靠道德基础和个人威信，但做到“百官时序”也必须有相当的从政经验。舜在道德品质方面没有问题，但是他有足够的从政经验么？从《史记》记载的文字看，舜好像没有经过这种锻炼，在这方面肯定有所欠缺，那他为什么能够做到“百官时序”？我们留待后面解答这个问题。

尧又让舜接待各邦国和部落远来的宾客，宾客们都对他十分尊敬，这在今天有些像外交部的工作，要求舜不但要了解万国万邦的地理人文，还要非常讲究各种礼节和外交言辞，结果舜也都做好了，四方远来的宾客都很和穆。

最后一个考验，尧让舜进入山林川泽，经历暴风雷雨的考验。尧舜时期，人们的主要生产工具还是石器，在开发利用自然方面存在手段上的巨大局限，因此山林川泽就意味着我们今天所说的原始森林。那个时期的人们相信山林川泽中是藏有鬼怪的，还有各种毒虫猛兽随时会要人命，就连如何辨识方向不迷路都是非常困难的，而且舜还遇到了“暴风雷雨”。结果呢？舜没有迷失在原始森林中，安全地走了出来。通过这个考验可以证明三点，这三点在那个时代都是非常重要的东西：第一就是证明了舜有着非常强健的体魄，有着勇敢无畏的精神；第二就是证明了舜有着过人的智慧和丰富的经验；第三就是证明舜受到了神灵的认可。尧舜时代是一个信奉万物有灵的时代，人们认为山林川泽、风雪雷雨都是有神灵执掌的，舜入山林川泽遇暴风雷雨能安全走出来，一定是受到了神灵的庇佑。既然神灵都认可他，尧自然就没有看错人。

# 第三章　你来摄政天下吧

尧以为圣，召舜曰：“女（rǔ，通汝）谋事至而言可绩，三年矣。女（rǔ）登帝位。”舜让于德不怿。正月上日，舜受终于文祖。文祖者，尧大祖也。

果然，尧以为圣，“圣”，无所不通。《尚书·洪范》：“睿作圣。”孔传：“于事无不通谓之圣。”尧认为舜是个无所不通的人，正式召见舜，对他说：“你谋划事情得当而且说到做到，三年了。你来接替帝位。”舜却认为自己德行不够，心里非常不安。但尧决心已定，不容更改。正月上日这一天，舜在文祖庙接受了替尧执政的托付。文祖庙，是尧太祖的庙。尧在这里举行仪式，也就同时向在天上服侍上帝的祖先禀告了此事，并由祖先向上帝禀告。

于是帝尧老，命舜摄行天子之政，以观天命。

于是尧帝回家养老，命令舜代行天子的政令，以观察天意。注意：天子、天命这些都是周朝才有的概念，尧舜时期还没有，但司马迁作为西汉人用没有问题。这些概念如何产生的，我们后面会讲到。

舜接受了禅让，开始了摄政天下的生涯。

舜乃在璇玑玉衡，以齐七政。遂类于上帝，禋（yīn）于六宗，望于山川，辩于群神。揖（jí）五瑞，择吉月日，见四岳诸

**牧，班瑞。**

舜摄政之后的第一件事就是观天象。使用璇玑和玉衡等观测仪器对日月星辰进行观测，看它们的运转体现了什么样的天意。古人相信，日月、星辰和人的命运、吉凶祸福都有着密切的联系。舜摄政天下这样的大事，如果上天不满意，一定会通过异常的天象显示出来，如果没有异常就说明上天没有异议。经过认真观测后，没有发现天象异常，说明这事做得确实没有问题。于是赶紧用类祭的仪式向上帝祭告，用禋祭的形式祭祀天地四时，用望祭的形式祭祀名山大川，又向全部其他神灵祭告。

“璇玑”是用来观测天象的两种工具璇和玑的合称。“七政”，郑玄解为日、月和金、木、水、火、土五星，用璇玑观测这七种天体的运行有没有异常，有异常则“不齐”，没有异常就是“齐”。《尚书大传》解释：“政者，齐中也。谓春秋冬夏天文地理人道，道正而万事顺成，故天道政之大也。”我们在这里采用了郑玄的解释。

“类”是一种祭天仪式。古人对至高神灵有非常强烈的敬畏，祭拜也规定有固定的时间，而且次数尽可能少，担心让上帝厌烦，古今中外都是如此。但是如果确实有急事要向上帝禀告，又等不到规定的时间怎么办？也有专门的仪式，这种仪式被称作“类”。禋祭，是按照一定的程序堆起木柴点燃，将牛羊等牺牲或者玉帛放在上面烧掉的祭祀形式。望祭，顾名思义，遥望祭祀对象的方位进行祭祀。古人对境内的所有名山、大川等都要进行祭祀，但要一一前往，实在是忙不过来，因此采取这种形式。

这段话涉及尧舜时期的社会宗教概况。我们从小学中国历史会发现，教科书中讲到一个社会阶段时，通常会讲它的社会政治、经济、文化情况，但对其宗教情况讲的并不多，特别对于中国原始宗教更是极少提及。实际上，人类文明的起源总是伴随着宗教的起源，不了解人类宗教的起源和发展，就很难理解人类文明的起源和发展。不了解中国原始宗教的起源和发展，也很难理解中华文明的起源和发展。尧舜时期，正是中国原始宗教解体转化为民族国家宗教的时期。

根据马克思主义宗教观，宗教不是从来就有的，在人类社会的绝大多数时间里是没有宗教的，作为一种社会现象和文化现象，宗教是在人类社会发展到一定阶段时产生的。现有的考古材料表明，中国原始宗教最早起源于大约2.7万年前的北京山顶洞人。经历了母系氏族社会的发展期和父系氏族社会的全盛期，最终随着虞舜王朝的建立演变为民族国家宗教，有学者称之为宗法性传统宗教。

中国原始宗教的起源如同世界其他原始宗教的起源一样是从灵魂观念而来的。恩格斯对“灵魂不死”观念的产生有过精彩的论述：

> 在远古时代，人们还完全不知道自己身体的构造，并且受梦中景象的影响，于是就产生了一种观念，他们的思维和感觉不是他们身体的活动，而是一种独特的、寓于这个身体之中而在人死亡时就离开身体的灵魂的活动。从这个时候起，人们不得不思考这种灵魂对外部世界的关系问题。如果灵魂在人死时离开肉体而继续活着，那就没有理由设想它本身还会死亡；这样就产生了灵魂不死的观念。

灵魂不死的观念导致了灵魂崇拜，也叫鬼魂崇拜。英国人类学家爱德华·泰勒认为，灵魂就是不可捉摸的虚幻的人的影像，按其本质来说虚无得像蒸汽、薄雾或阴影；它是赋予个体以生气的生命，它可以从一个肉体转移到另一个肉体。它摸不到、看不见，但是却可以显示出类似物质的力量。我们今天很多影视剧中描写的鬼魂，都非常好地表现出了这些特性。

灵魂观念的出现导致了“万物有灵”观念的产生。它和氏族制度发展的内在要求相结合，产生了图腾崇拜。“图腾”一词源自北美印第安人的奥季布瓦语“totem”，意思是“他的亲族”。该部落相信每个人都有一个保护自己的精灵，它们以某种兽类为形象，这就是图腾。英国人类学家弗雷泽认为，图腾崇拜是半社会半迷信的一种制度。根据这种制度，部落或公社被分成若干群体或氏族，每一个成员都认为自己与共同尊崇的某种自然物象——通常是动物或植物——存在血缘亲属关系。这种动物、植物或无生物被称为氏族的图腾。每一个氏族成员都以不危害图腾的方式表示对图腾的尊敬。按照这种信仰，每一个氏族成员都是图腾的亲属，甚至后代，这就是图腾制度的信仰方面。至于这一制度的社会方面，它表现在禁止同一氏族成员之间通婚，因此，他们必须在别的氏族中寻找妻子或丈夫。在尧舜时期，中华先民们已经有了龙、凤、蛇、鸟、鱼、熊、虎、牛、羊、蛙等图腾崇拜。

陶寺遗址发现的绘有蟠龙图案的陶盘

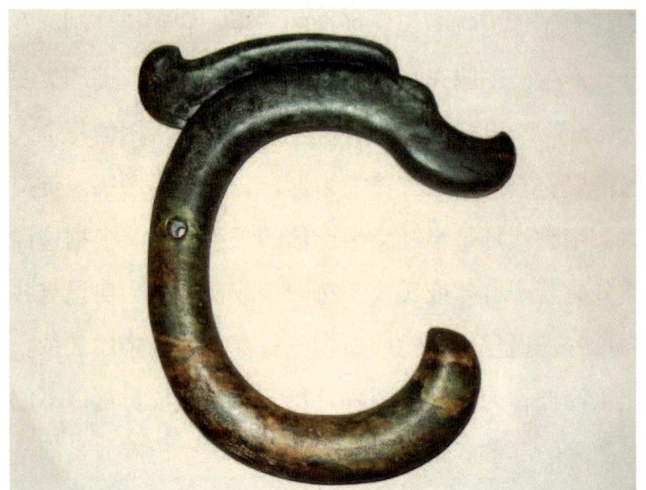

红山文化玉龙

马家窑文化蛙纹陶罐

红山文化玉凤

西水坡遗址发现的蚌塑龙、虎

“万物有灵”的观念同时导致了自然崇拜的产生。原始先民们认为这个世界上所有的东西都是活的，有“灵”的，是可以沟通和交流的。这一观念导致了自然崇拜的出现。自然崇拜包括了对天地间各种自然物的崇拜，比如日、月、星、辰、风、雨、雷、电、霜、雪、山川、河流、湖泊以及各种动植物甚至是石头等。尧舜时期，已经有了太阳、月亮、星辰、风、雨、山川、河流的崇拜，从考古专家发掘出来的距今4000多年以及更早的文物上，我们可以看到这些自然崇拜的痕迹。

山东大汶口文化八角星形彩陶豆

背负八角星纹图案的凌家滩猪首玉鹰

大汶口彩陶涡纹鼎

马家窑文化彩陶漩涡纹尖底瓶

在灵魂崇拜的基础之上还发展出了祖先崇拜。灵魂崇拜和祖先崇拜看起来都是对灵魂的崇拜，但二者是有区别的：祖先崇拜中的灵魂必须和你有血缘关系。祖先崇拜对中华文明的起源和发展有着非常重要的意义，这个以后我们再讲。在自然崇拜、灵魂崇拜和祖先崇拜的基础上还产生出了灵物崇拜和偶像崇拜。

中国原始宗教产生和存在的社会基础是氏族公社制度，尧舜时期已经进入了父系氏族公社末期，在家庭和私有制的冲击下，氏族公社正在分崩解体，与之相对应的中国原始宗教也随着分崩解体，并向民族国家宗教转型。

各邦国、部落都必须崇拜的最高神灵“上帝”出现，日益显示出其宗教的全民性，这是中国早期民族国家宗教的信仰基础。身为邦国联盟盟主的舜亲自主导对上帝的祭祀，表明了这种宗教的国家性，也显示了这种宗教信仰体制的独占性，在中华文明接下来四千多年的历史中，唯有帝王一人可以祭天。舜在祖庙、祢庙行特牛礼，表明当时完全确立了祖先崇拜在中国民族国家宗教中的重要地位，即便在周人将“上帝”的概念发展为“天”的概念后，祖先崇拜也始终牢牢占据着最重要的位置。“类祭”“禋祭”“望祭”等分类细致的祭祀活动，“上帝”“六宗”“山川”“群神”等层次等级明确的神灵排序，反映了当时的宗教观念已经极其完善，宗教行为和宗教仪式极其复杂，宗教体制极其完备，宗教的教义已经系统化和理论化，民族国家宗教的诞生已经毫无阻碍。“修五礼五玉三帛二生一死为挚，如五器”等繁缛的礼仪，反映了原始宗教与世俗王权的结合，这就是中国古代礼乐制度的滥觞。

关于“上帝”我们需要单独讲讲。

上帝是个我们非常熟悉但是出现在这里却会让不少人感到陌生的名词。现在我们很多人一听“上帝”这个词，就自然而然地认为这是基督教的最高神。实际上，“上帝”是中国人的固有名词，中国人最早使用这个词来称呼自己的最高神，人类历史上，“上帝”一词最早见于中国殷墟发掘的甲骨文。

天主教传入中国时，传教士要将“耶和华”（Jehovah）这个词充译成中文，就借用了“上帝”一词。清王朝被推翻后，中国人对自己的上帝崇拜逐渐淡忘了，以至于今天不少人把“上帝”这个词当成了舶来品。

那么中国的上帝是怎样产生的呢?

宗教自产生后是随着社会的发展变化而不断发展变化的，中国古代宗教的发展与中华文明的发展是相呼应且相互影响的，宗教的发展会要求与之相应世俗权力的维护，世俗权力的发展会要求与之相应宗教的支持。

根据王震中先生中华文明起源的“聚落三形态演进”说，中华文明的产生大致分为三个阶段：大体平等的农耕聚落期、含有初步不平等和社会分化的中心聚落期、都邑国家形态。前两个阶段是中国原始宗教兴起发展的时期，进入第三个阶段后，中国原始宗教解体，演变成了民族国家宗教。

在大体平等的农耕聚落期，各个部落之间基本是平等的，基本不存在谁服从谁的情况，各氏族、部落原始宗教信仰中的图腾和神灵也是平等的，是一幅繁荣的万神殿景象，几乎可以说有多少部落就有多少宗教信仰。不同的氏族、部落有各自不同的宗教信仰，崇拜不同的图腾和神灵，这些图腾和神灵有各自的谱系，有各自的管辖地盘和信奉人群，相互之间并无冲突。

在进入到初步不平等和社会分化的中心聚落期，原先大体平等的各个部落或聚落逐渐分成中心聚落、次级中心聚落、普通聚落三个层次，同时家族、宗族组织和父家长权出现，政治经济权利愈来愈不平等。为了争夺更大的生存空间或利益，部落之间开始了冲突和战争。有战争就

甲骨文

甲骨文合集 10124，上半部左右对称刻有“贞不惟帝（害）”“贞惟帝害”。这个“帝”就是当时中国人的至高神上帝

有胜败，战败者服从战胜者，他们的神灵、图腾有三种结局：一是被战胜者消灭或摧毁；二是被吸收融合进战胜者的神灵神格中或者将其主要特征融合进战胜者的图腾中；三是被保留下来，但要被迫屈服于战胜者的神灵和图腾之下，并且在谱系上做出看似合理、体面的解释，这是中国原始宗教中神灵、图腾等级划分的开始。等到战胜者和战败者相互融合为一体时，这种不平等的关系就会固定下来并世代相传，其背后流血的历史被人们忘记，仿佛一开始它们就是这样子的。于是在这个过程中，随着不断有更强盛的部落出现，就不断有等级更高的神灵出现，不断地把其他神灵合体到自己体内或收归麾下。中国原始宗教中的神灵谱系由此开始了等级高低的划分。

到了都邑国家形态阶段，中华先民步入文明的门槛，征战杀伐不断的邦国、部落呼唤着一个能够号令天下的强大邦国出现。同样，挤挤挨挨、秩序混乱的万神殿也呼唤着一个能够一统众神的最高神。最终，虞舜王朝建立了，万邦万国都愿服从其号令，与之相对应的至高神“上帝”也产生了，所有的神灵都跪伏在他脚下，以氏族公社制度为社会根源的中国原始宗教解体，其主体部分演变成了以阶级社会为社会根源的中国民族国家宗教。

上帝成为万神之首，执掌天地万物的生杀予夺大权。我们看看甲骨文就会发现，商人不管做什么都要看看上帝老人家的心情：我今天出门顺不顺利？我的庄稼能丰收不?我今天打猎能有收获么？我要去作战能胜利么？等等等等，请示上帝的事情可谓五花八门，事无巨细。由于上帝的地位如此之神圣，上帝的旨意是如此不可违抗，因此上帝信仰正式确立后就成了绝对的统治阶级宗教信仰，与民间宗教信仰分离开来，祭祀上帝是帝王一人的特权，其他任何阶层任何人要想僭越都是要杀头的。我们今天到北京去旅游看到的天坛，就是古代帝王“祭天”的场所。

中国古代的上帝和祖先崇拜。上帝崇拜我们刚刚已经讲了是怎么产生的，有什么样的地位。祖先崇拜呢？祖先崇拜简单说就是认为逝去祖先的灵魂仍然存在，而且是神灵的，可以保佑或者惩罚后代子孙。延续至今的祭祖就是这一信仰的遗存。祖先崇拜是中国宗法性社会的支柱信仰，中国数千年来的政治、宗教、经济、文化都受到这一信仰极其深刻的影响。当祖先崇拜与上帝崇拜结合后，形成了中华民族所独有的宗教，有的专家称之为“宗法性传统宗教”。

“民族国家宗教被统治阶层独占”和“祖先崇拜与上帝崇拜的结合”，这是中国宗教和西方宗教走上不同发展道路的两个关键点。中西方的宗教产生、发展在早期是很相似的，都是由多神教向一神教发展，并且都产生了至高神灵：西方有犹太教的雅赫维、北欧人的奥

北京天坛

红山文化牛河梁遗址圆形祭坛，三层台和几千年后的北京天坛形制一样

丁、希腊人的宙斯，中国有上帝。后来，西方的万神殿最终消失，走向了一神教，中国的万神殿却一直保留下来，并且越来越热闹，就是因为这两点。

由于民族国家宗教被统治阶层独占，民众被迫服从这个宗教却无法参与其中，只能创造从属的民间宗教信仰来满足自己的宗教情感需求。同时，外来的宗教信仰进入中国后也必须服从或放弃与国家民族宗教的对抗，逐渐演变成具有中国特色的民间宗教。而统治阶级在这些民间宗教信仰不与民族国家宗教对抗、相互尊重、和平共处的前提下，基本采取宽容的态度。这是我们今天看到中国民间宗教信仰能够三教合一，甚至五教合一的重要原因。祖先崇拜和上帝崇拜的结合，导致了中国的上帝不可能成为一个绝对的和人世彻底割裂的超然存在，反而是和人世紧密联系，可以相互沟通和交流的。这两点导致了中国宗教没有走向一神教，万神殿也数千年长盛不衰，具有更浓厚的现世性。这种现世性造就了中华文明的一大特点，那就是在社会规范方面相对于宗教而言，更依赖于伦理道德的力量，后世儒家文化得以兴起，与这个有着很大的关系。

所以，我们可以非常自豪地说，中国人是有宗教的，中国人的宗教起源之早、流传之久远不亚于世界上任何一个古老的民族。时至今日，我们仍然可以随时随地感受到宗教对现实生活的影响。中国人也是有信仰的，相比于宗教信仰，中国人更注重道德信仰，这些道德信仰早在舜执政时期就得以建立成一套伦理道德体系，此后数千年中，这套伦理道德体系不断发展演变，藉着民族国家宗教的强大影响力，渗透或被吸收到几乎所有中国民间宗教信仰中去，成为中国民间宗教信仰能够安身立命的根本所在。

那么后来发展成宗法性传统宗教的民族国家宗教究竟是如何发挥其强大影响力的呢?

宗法性传统宗教的核心是“上帝”和“祖先”，它认为那些创建丰功伟业的祖先死后灵魂去了天上，“宾于帝”，在上帝身边服侍着。下界的子民即便是统治者也不可能和上帝直接发生联系，而必须通过在天上的祖先与上帝进行沟通交流。具体操作如下：统治者通过祭祀向天上的祖先禀告事情，由祖先转告给上帝，上帝把判决下达给统治者的祖先，统治者的祖先再把上帝的旨意传达给统治者。因此祖先崇拜中的“祖先”在上帝崇拜中起到了关键的媒介作用，这是中华文明起源中的一个非常重要且独特的特征。这在今天看起来似乎很好笑，但在古代可是绝对严肃认真且不可违抗的。盘庚迁殷就是个典型的例子。商王盘庚想把国都从奄（今山东曲阜）迁到殷（今河南安阳），遭到了贵族们的强烈反对，大家伙日子过得好好的谁也不想跟着他搬家。盘庚无奈之下就祭出了这个大招，他告诉那些反对他的贵族：我想带着你们去好好发展，你们不听话，我要把这事报告我在天上的祖先，我的祖先就会把这件事报告给上帝，上帝知道了就会大大地责怪你们的祖先，你们的祖先就会大大地降罪于你们！反对迁都的贵族们一听这个就怕了，只能跟着他走。也正是因此，历代帝王祭天的大庙中会一同供奉始祖的牌位。上文中说到的“文祖庙”就是共同祭祀上帝和尧的始祖的大庙。但是我们注意到，商人也有对人王称帝的情况，大家比较熟悉的商纣王，在甲骨文中被叫作帝辛。实际上，甲骨文的“帝”字，有些应该读作“禘”，即禘祭。商代后期，各代商王祭祀亲生父王就叫禘祭，这个意义上的“帝”字慢慢带有“嫡”的意味，也使“帝”字渐渐转为人帝之称。“帝乙”“帝辛”的称呼应该即是由此而来的，“乙”“辛”都是日名。实际上中国古代一直到战国之前，帝王是轻易不敢用“帝”字的，我们现在讲尧帝、舜帝，这都是后人的称呼。

中国古代上帝信仰的发展和灭亡。中国古代上帝的信仰是和特定祖先信仰结合在一起的。比如商人信仰上帝，他们认为上帝只庇护商人，是自己一族的神。关于这一点，不仅商人自己相信，其他诸侯也都相信。所以周武王灭商后遇到了非常棘手的问题。什么问题？上帝信仰的影响实在太强大了，商人一直说自己执政是上帝的意思，周人现在是不是违抗了上帝呢？说实话，周人自己心里也打鼓，为了让自己的政权合乎神意，周人打出了“天”的概念，试图来取代“上帝”的位置。他们说：“天视自我民视，天听自我民听。”什么意思呢？就是说上天看到的来自于我们民众看到的，上天听到的来自于我们民众听到的。商纣王暴虐无道民众都看到听到了，“天”自然也都看到听到了。“天”不会偏袒谁，而是公平公正的，谁有才有德，天就让谁来统治天下，这个就叫作“天命”。现在“天命”要我们周人来取代商人执政，所以我们不敢不从。你们大家一定要知道：我们周人来执政也是被“天命”逼迫，实属无奈啊。

不仅如此，周人还创造了一个新概念：“天子”，顾名思义，天

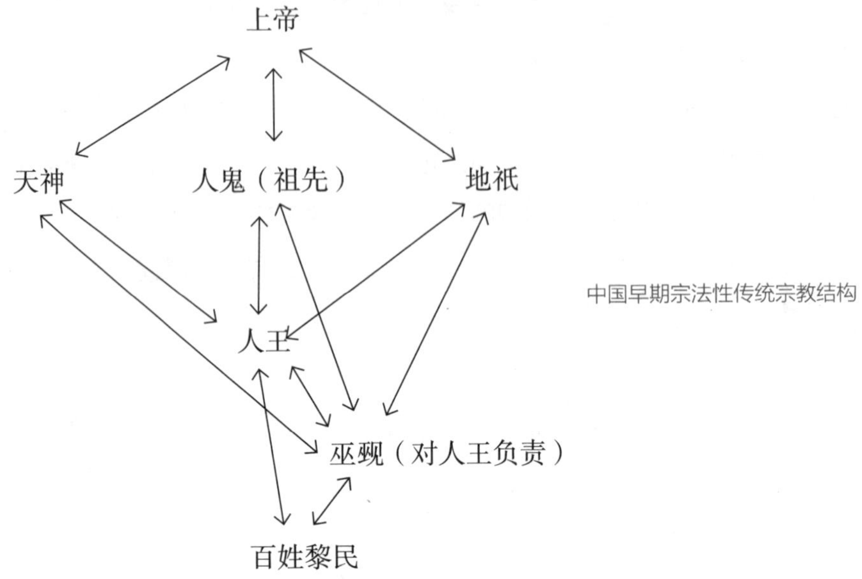

中国早期宗法性传统宗教结构

子就是天的儿子。周人把商人用作媒介的祖先神灵往旁边挪了下位置，直接和至高无上的神灵发生了血缘联系。但“天”终究没有取代“上帝”，这两个概念从此并行下来，只是“天”的概念更多了些人文色彩，后人对宗法性传统宗教至高神的新称呼也因此改成了：“昊天上帝”。此后，中国人世间的统治者就自称“天子”，以此彰显自己的“君权神授”的统治合法性。如此一直到了公元1911年辛亥革命爆发，清王朝被推翻，宗法性传统宗教赖以生存的基础倒台，也随之灭亡。

很多人会问：中国人这不还是没有宗教了吗?

当然有。

我们还有庞大的民间宗教呢，道教、佛教等等，这些民间宗教的文化中仍然可以看到宗法性传统宗教的深刻影响。

值得注意的是，古老的宗法性传统宗教的消亡，并没有给中国社会带来灾难性影响，这是因为中华文明数千年来的伦理道德体系没有消亡，特别是其优秀传统文化的基因和特质，历久弥新。今天，脱胎于中华伦理道德体系的社会主义核心价值观，指引我们向着更加繁荣富强、实现中华民族伟大复兴砥砺前行。

中国民族国家宗教中“天”的观念，并没有因为宗法性传统宗教的灭亡而消失，“天”的观念传承数千年，已经成为中国人的集体无意识，永远流淌在每一个中国人和中华文化的血脉中。随着新时代的到来，“天”的概念产生了重大转变。今天的“天”是什么？

2017年两会期间，李克强总理在与陕西代表团座谈时说：“老百姓是天。”

最后多说一句，上帝又称昊天上帝，但不是“玉皇大帝”，学者研究指出玉皇大帝是中国道教借鉴了宗法性传统宗教中“上帝”的信仰创造的道教神灵，是很晚起的神灵了。而且上帝是至高神，玉皇大帝则不是，他上面还有三清呢。上帝和玉皇大帝等其他中国古代神灵最关键的区别是：从古到今，没有人能画出、塑造出或者用语言描绘出上帝的形象。中西方的至高神灵在这个特点上是相同的：至高神是不可见、不可描述的。

了解了这些，接下来的就很好懂了。舜祭祀完上帝和一众神灵之后，“揖（jí）五瑞，择吉月日，见四岳诸牧，班瑞。”揖，敛的意思。揖五瑞，把各邦国、部落首领的玉圭都收起来。

谁收的呢？

马融说：“尧将禅舜，使群牧敛之，使舜亲往颁之。”如果依照此说，是尧下令，“牧”收上来的。注意“诸牧”中的“牧”，这个“职位”我们后面还要再讲到。

瑞就是玉圭，是权力的象征，《周礼·典瑞》记载：“王持镇圭，尺二寸。公执桓圭，九寸。侯执信圭，七寸。伯执躬圭，五寸。子执谷璧，男执蒲璧，皆五寸。言五瑞者，王不在中也。”可见古代中国，玉圭、玉璧作为权力的象征，其形制有着明确的等级差别，一共分成了六

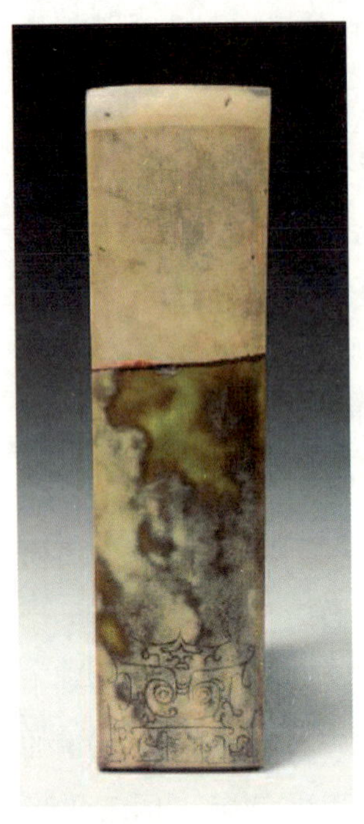
日照两城镇龙山文化玉圭

种，王专用的叫作镇圭，王以下公、侯、伯、子、男五个等级的玉圭、玉璧被称作五瑞。尧舜时期的玉圭、玉璧是否有如此明确的等级分类尚无考古证明，但考古发掘出来的龙山文化时期玉圭、玉璧确实形制大小不一，似乎显示着不同的等级分类。这些“瑞”既然是邦国、部落首领平时行使权力的凭信，毫无疑问是非常重要的东西，但尧说收就收上来了，为什么？因为他是秉承上帝的旨意，谁敢不服从？然后再找一个良辰吉日，让舜把这些“瑞”亲手颁发给各邦国、部落首领。通过这个仪式告诉大家，邦国联盟盟主的权力还有你们的权力都是上帝给的，但现在上帝通过舜来把权力授予你们。这个一收一发的过程，在今天看起来没什么意义，但在那个时期，是众邦国部落对上帝的信仰，对尧所做决定的服从，对舜摄政天下的认可。

# 第四章 巡狩四方

上天、诸侯和众部落都认可了舜的摄政，舜接下来开始另一项重要的工作，巡狩。

巡狩是什么？《孟子·梁惠王下》：“天子适诸侯曰巡狩。巡狩者，巡所守也。”意思是天子作为最高统治者要到各地诸侯那里去转转，看看大家干得怎么样，其实质主要是为了确认统治的合法性。

巡狩的主要内容是什么呢？《史记》记载了舜对东南西北四方的巡狩，并详细列举了东巡狩所做的内容，让我们来看看。

**岁二月，东巡狩，至于岱宗，柴，望秩于山川。**

一年十二个月，他每三个月巡狩一个方向，从二月起开始，舜开始向东巡狩。首先是到岱宗祭天。岱宗就是今天的泰山，泰山又称太山，《风俗通》说：“太，山之尊者，一曰岱宗，始也，长也，万物之始，阴阳交替，故为五岳之长也。”泰山自古就是东夷人的神山，东夷人认为人死后的灵魂就是回归泰山的。舜在泰山举行了柴祭，柴，烧柴祭天。祭祀作为古代宗教的一项重要内容，其形式与人们对身边世界的认识密切相关，祭天和天上的神灵，通常用火烧柴，祭品投入火中烧掉，因为人们相信上帝和众天神一定居住在那看不到顶的天的最高处，在祭祀的大火中，腾空而起的烟气就会将祭品和人们的祈愿带到神灵那里。

祭祀土地和地上的众神，通常会将祭品埋入土中，而祭祀江海湖河等水神，通常会将祭品投入水中。舜祭天后，又用望祭的仪式对东方的山川进行了祭祀。望秩，按照等级次序遥望祭拜。除了五岳等大山，各地境内还有不少被当地人奉为神灵的高山和大河，这些高山、大河舜不可能都亲自前往祭祀，因此采取望祭的方式。

**遂见东方君长，合时月正日，同律度量衡，修五礼五玉三帛二生一死为挚，如五器，卒乃复。**

接下来就是接见东方的诸侯。接见这些诸侯做什么呢？合同四时节气，月之大小，日之甲乙，统一音律、丈尺、斗斛、斤两，整饬吉凶宾军嘉五礼，用五种玉、三种彩缯、两种生物、一种死物作为初见面时的赠送礼品，礼终把五玉再还回去。

首先看合时月正日。中华古代文明是典型的农业文明，因此中国古人对天文历法非常重视，一年有几个月，从什么时候开始到什么时候结束共有多少天，什么时候播种，什么时候收获，这都是攸关民生国运的大事。但是在历法制定上各部落都有各自不同的传统和方法，因此千差万别。对天文的长期、精确观测和对历法的不断修订，首先要建立在一个部落经济强盛、文化先进的基础上，中华先民在天文星象的观测过程中发展出了各种各样的观测用具，甚至专门的天文观测台，今天我们在山西陶寺遗址也就是传说中尧的都城就发掘出了规模宏大的专门用于观测天象的观象台。所以，部落越强盛，制定的历法就会越精准。其次，历法的推行还要依靠强有力的统治手段。天文历法在发展起来之后，很快就与王权、神权结合起来。在我们今天看来，天文历法反映着客观的自然规律。但在古人眼中，天文历法还反映着神灵的旨意。你的历法要推翻别人的历法，意味着你信奉的神灵要高于别人信奉的神灵，而这也就意味着你要高人一等。同样的原因，同律度量衡和修五礼也是统治者

山西陶寺遗址观象台复原图

的特权，不仅仅有利于促进经济、文化的发展，也有利于巩固既有的权力等级。

再看“修五礼五玉三帛二生一死为挚”。

五礼，吉、凶、宾、军、嘉五种礼，这五种礼各有各的用处，《周礼》：“以吉礼事邦国之鬼神祇（qí），以凶礼哀邦国之忧，以宾礼亲邦国，以军礼同邦国，以嘉礼亲万民”。在《史记·五帝本纪》中讲到的“类于上帝”就是吉礼，“如丧考妣”就是凶礼，“群后四朝”就是宾礼；五玉，就是五瑞，桓圭、信圭、躬圭、谷璧、蒲璧；三帛，三种不同颜色的丝织品；二生，两种活物，即羊羔和大雁，这两种动物可以驯服，所以可以活着作为礼物赠送；一死，雉。雉不好驯养，因此只能杀掉来当作礼物赠送。当舜巡狩到一地时，当地的首领就会举行隆重的仪式，向他奉献这些礼物。仪式结束后，舜会把五玉还给对方，只收下其他礼物。以玉作为赠礼是最为尊贵的，体现了重德、重礼的思想，郑玄讲：“君子于玉比德焉。以之聘，重礼也。”仪式结束后归还五玉，郑玄认为："还之者，德不可取于人，相切厉之义也。"表现的是相互之间以德行相切磋、砥砺的意思。[①]最后，巡狩还有一个重要目的：了解民间疾苦和各地诸侯执政的政绩以及出现的问题。《史记正义》案："王者巡狩，以诸侯自专一国，威福任己，恐其壅遏上命，泽不下流，故巡行问人疾苦也。"就是说，王者巡狩，是因为诸侯在各自邦国内完全说了算，担心他们欺上瞒下，所以在民间巡行查访他们的问题。当然，这个时期邦国联盟盟主的权力还不能直接干涉其他邦国、部落的内政，所以舜巡狩只能过问所到之处的一些重大问题。

上述记载说明尧舜时期已经进入了都邑邦国阶段，有了层次分明的政治等级架构和阶级分化。从山西襄汾陶寺遗址发发掘情况来看，早期城址56万平方米，中期城址280万平方米，可谓规模宏

山西陶寺遗址陶壶朱书

① 彭林，《中国古代礼仪文明》，北京，中华书局，2004 年，第 37 页。

大。在宫殿区中又分出了上下层贵族居住区。在城中还发现了专门用于观象授时的天文建筑。出土了写在陶器表面的朱书文字。还发现了1300座等级分明的墓葬，这些都证明了《史记》中记载的尧舜执政时期已经存在的政治等级结构和阶级关系。尧所建立的“唐”国，舜所建立的“虞”国，都是当时邦国之中强大的代表，尧、舜也因此成为邦国联盟盟主。盟主虽然不干涉其他邦国内政，但可以号令万邦万国，对不服从的可以进行征伐。这种模式从黄帝之时开始萌芽，到了舜做邦国联盟盟主的时候又得到进一步发展，盟主可以通过“揖五瑞，择吉月日，见四岳诸牧，班瑞”的方式来确认其最高统治权，其实质已经是一种复合制国家形态。所以古人把虞朝与夏商周三代并称“虞夏商周”，虞朝和夏朝虽然前者是“公天下”，后者是“家天下”，但其政治架构、管理模式是大致相同、传承有序的。特别是夏王朝，几乎就是完整地脱胎于虞朝。

**五月，南巡狩；八月，西巡狩；十一月，北巡狩：皆如初。归，至于祖祢（mí）庙，用特牛礼。**

从东方巡狩回来，五月起到南方巡狩；八月起到西方巡狩；十一月起到北方巡狩：形式、内容和到东方巡狩都一样。在东方他是在东岳泰山下接见东方诸侯，南方是在南岳衡山（一说安徽霍山[①]）下接见南方诸侯，西方是在西岳华山下接见西方诸侯，北方是在北岳恒山下接见北方诸侯。回来后，来到供奉尧的父亲的庙和祖先的庙，用特牛礼向祖先祭告。祖庙是远祖的庙，也是祭告昊天上帝的庙，庙中的远祖是配天祭祀的，也就是说这些远祖的灵魂现在正在上帝身边呢。祢庙就是父庙。祢，生曰父，死曰考，庙曰祢。然而舜为什么要到尧的祖庙、父庙祭告

① 按：衡山位于今湖南境内，尧舜时期不是华夏东夷联盟的势力范围，而且今天的湖北当时都被与其敌对的三苗集团控制，舜越境而过也不太现实。因此这时的南岳是指安徽霍山的可能性比较大。

呢？这是因为尧虽已禅位，但舜只是摄政。这个时候人间与上帝之间的联系仍然要依靠尧的祖先。舜在尧的祖庙中将巡狩的情况向尧的祖先报告后，由他们再向上帝禀告，上帝的旨意再通过他们转达下来。

特牛礼，特，一头，特牛就是一头牛，而且是一头公牛。用牛是高等级的祭礼了，由此可见当时的牛是非常珍贵的，其价值远超当时其他的家畜，然而同为家畜，为什么牛会如此珍贵，我觉得很有可能那个时期牛已经不再单纯是一种肉食来源，而成为农业耕种或运输的重要工具了。

五岁一巡狩，群后四朝。

那么这样的巡狩活动多长时间搞一次呢？五年。邦国联盟盟主巡狩一年，其余四年就由四方诸侯到都城来朝见舜。

诸侯来朝做什么呢？

遍告以言，明试以功，车服以庸。

诸侯向舜讲述自己的执政之道和取得的政绩，舜根据诸侯的汇报进行考察验证确定其功绩，然后赏赐他们车舆礼服作为奖励。

肇十有二州，决川。

肇，创建，初始。创建了十二州，又发动各州疏浚河道。十二州的概念应该是后出的，尧舜时期还没有带有行政色彩的地域观念，只有模糊的大联盟疆域观念，这些疆域的划分，通常以高山大川来确定大致的范围。《史记·五帝本纪》中的十二州怎么来的呢？马融说，禹治水置九州，舜觉得冀州北边太大，就在那分出了并州，燕、齐之地辽远，就在燕地设置了幽州，在齐地分出了营州。这样就有了十二州。这里要注意下：按照马融的说法，舜划十二州是在禹治水之后进行的。但在《史记·五帝本纪》的文本叙述中很容易给人一种误解：舜划十二州是在禹治水之前进行的，禹治水后又将十二州重新划为九州。这种误解仔细推敲是站不住脚的。

**象以典刑，流宥五刑，鞭作官刑，扑作教刑，金作赎刑。眚（shěng）灾过，赦；怙（hù）终贼，刑。**

制定不变的刑罚公之于众，制定了五刑从宽处理的规定，对职务犯罪的用鞭刑，对不服教化的用木条抽打，对罪行轻微的可以用缴纳财物来替代刑罚。因灾难造成过错的，可以赦免；执迷不改的，用刑。

象，示人。典刑，常刑，不变的刑法。象以典刑就是向人们告示不变的刑法。我们还没有发现尧舜时期有成系统的成熟文字，所以这个“象”很可能是指通过绘图的形式来告示人们法律规定。原始社会主要是以道德来作为人们的行为规范，但进入阶级社会后，社会关系日益复杂，道德约束力下降，于是产生了法律。可以想见，这个时期的法律是各邦国、部落的统治阶层为了维护自身利益来制定的，因此五花八门，随意性很大，时常变化。舜命人制定了相对固定的法律，并将其公之于众，是具有重大意义的。有兴趣的朋友可以看看战国时期的变法运动，吴起在楚国实行变法的第一条就是把法律条文明确下来公之于众。形成了系统的、相对固定的常法，这也是我们为什么把舜执政时期制定的法律称作中国最早的法律的重要原因。

舜摄政时期主导制定刑法的是大臣皋陶，他制定了五刑，并针对五刑设置了宽恕的条件。

五刑分别是墨、劓（yì）、剕（fèi）、宫、大辟。墨，是在犯人脸上刺刻，当时的图样不可考，后代有记载的则是五花八门，刺刻以后涂上墨使其不会消失，这是最轻的刑；劓，是用刀割掉犯人的鼻子；剕，是用锯锯断人的脚。宫，是对男人进行阉割，对女人进行幽闭；大辟，是死刑，不同时代有不同的处死方式。这五种刑都是比较残酷的肉刑，不仅行刑时给受刑人带来精神上和肉体上极大的痛苦，而且除死刑外，其他几种刑罚在受刑后还会给人造成终生的精神和身体的痛苦。

关于象刑，还有一说，认为象刑就是象征性的刑罚，说舜用象刑取代肉刑。这种说法中的象刑是让受刑者穿戴或者使用带有某种特别象征的“图像”的衣物或者器具，从而达到惩罚受刑者和儆戒其他人的作用。有风俗志或考古材料反映出，在质朴的原始社会确曾有此类象征性的刑罚。战国时期荀子对此提出了不同意见。《荀子·正论》：“世俗之为说者曰：‘治古无肉刑而有象刑：墨黥（qíng，这里是指用蒙巾遮住犯人的脸）；慅婴（cǎo yīng，罪犯帽子上加草带）；共，艾毕（割掉官服上的蔽膝）；菲，对屦（jù，穿草鞋）；杀，赭衣（染成赭色的囚衣）而不纯，治古如是。’是不然。以为治邪？则人固莫触罪，非独不用肉刑，亦不用象刑矣。以为人或触罪矣，而直轻其刑，然则是杀人者不死，伤人者不刑也。罪至重而刑至轻，庸人不知恶矣，乱莫大焉。凡刑人之本，禁暴恶恶（wù è），且征其未也。杀人者不死，而伤人者不刑，是谓惠暴而宽贼也，非恶恶（wù è）也。故象刑殆非生于治古，并起于乱今也。”治古，上古太平盛世，往往指尧舜时期。荀子认为治古无肉刑而有象刑的说法不对，如果真是治古，连象刑也不用。如果用象刑取代肉刑，那么杀人的不用偿命，伤人的不用受刑，这是鼓励暴虐杀戮，会导致社会极大的混乱。所以，象刑不会起源于治古，而是起源于今天的乱世。

那么按照马克思主义的观点应该如何来看呢？马克思主义认为法律的产生是社会基本矛盾运动的结果，生产力的发展引发了三次社会大分工，最后导致法律的产生。私有制的出现是法律产生的经济根源；阶级的分化是法律产生的社会根源；国家的出现是法律产生的政治根源。考古研究表明，虞舜王朝已经完全具备了法律产生的三个根源。所以关于“象以典刑”以及五刑的说法是有根据的。而最初法律规定的刑罚往往脱胎于原始社会的血亲复仇，注重以眼还眼，以牙还牙。所以那个时期的刑罚肯定摆脱不了肉刑，特别对严重的违法行为是不可能实施象征性惩罚的，但也的确可能对某些轻微违法行为使用过象征性的“象刑”，这个只能是推测了。从《史记》记载看，舜已经针对五刑做出了从宽处理的规定。

那么是什么样的人，什么样的情况可以得到从宽处理呢？有这样三类人，一是幼少，就是年幼的孩子；二是老耄（mào），就是岁数大的老年人；三是蠢愚，就是有智力障碍的人。这三类人如果犯法，要给予一定的宽恕。还有三类情况，一是弗识，就是不知道；二是过失，就是疏忽大意；三是遗忘，就是忘记。这三种情况下犯法，也可以得到从宽处理。那么如何从宽处理？“流”，把应该受五刑的人流放。

上面所讲五刑，都是比较残酷的肉刑，不适用危害性不大的犯罪，所以还设置了薄刑。薄刑主要有三种：鞭刑、扑刑和金刑。对职务犯罪的人使用鞭刑，对不服从教化的人用木条抽打作为惩罚，而对于罪行确实轻微的，还可以用缴纳罚金的方式来处理，鉴于那个时期还没有成熟的货币，大概是缴纳粮食、牲畜或者手工制品之类的财物来抵罪。对由于灾害导致的危害性不大的过错可以赦免，这是专门针对轻微过错来设置的，并且是在过失和不可抗拒的情况下造成的轻微过错。对那些坚持不改过、一贯危害社会和他人的，就不能减免刑罚，一定要用刑。

这种种刑罚规定好了，舜又语重心长的强调：

**钦哉，钦哉，惟刑之静哉！**

慎重啊，慎重啊，用刑千万要慎重啊。

从以上叙述我们可以给虞朝法制归纳几个特点。

第一，已经有了国家暴力机关。法律的实施必须有强大的国家暴力机关保障，皋陶身后站立的不再仅仅是舜的权威，而是虞舜王朝的权威。

第二，法治开始成为社会治理的一种重要模式。这主要体现在两点，一是虞朝设置了专门的法官来审判断案并对违法者施行刑罚。作为虞舜王朝的“士”，皋陶手下很可能设置了一套刑狱制度，并且有了专门的执法者。二是法律条文和刑罚成为常法并公诸于天下，使得各类社会主体开始注重规则意识和契约意识。

第三，德法兼治的宽恕之法。道德约束仍然是规范社会行为的重要手段，并没有因为常法的出台而被淡化。同时，在实施刑罚的过程中坚持谨慎宽恕的原则，反映了中国自古就有恤刑、轻刑的理念。

法律制度的建立，是中国历史上一件大事情，它是中国古代社会阶级产生的重要标志之一，是中国数千年来德法兼治的开端。中华先民迈入文明的门槛后，是以法治国，还是以德治国，虞舜王朝给出了德法兼治的模式，这种模式与西方治国理政模式相比更加注重“德治”，法律也更注意体现道德理念和人文关怀。

习近平总书记对“德法兼治”有过专门论述，把这种模式的特点和优势讲得非常透彻：

“必须坚持依法治国和以德治国相结合。法律是成文的道德，道德是内心的法律，法律和道德都具有规范社会行为、维护社会秩序的作用。治理国家、治理社会必须一手抓法治、一手抓德治，既重视发挥法律的规范作用，又重视发挥道德的教化作用，实现法律和道德相辅相成、法治和德治相得益彰。”

“发挥好法律的规范作用，必须以法治体现道德理念、强化法律对道德建设促进作用。一方面，道德是法律的基础，只有那些合乎道德、具有深厚道德基础的法律才能为更多人所自觉遵行。另一方面，法律是道德的保障，可以通过强制性规范人们行为、惩罚违法行为来引领道德风尚。要注意把一些基本道德规范转化为法律规范，使法律法规更多体现道德理念和人文关怀，通过法律的强制力来强化道德作用、确保道德底线，推动全社会道德素质提升。”

“发挥好道德的教化作用，必须以道德滋养法治精神、强化道德对法治文化的支撑作用。再多再好的法律，必须转化为人们内心自觉才能真正为人们所遵行。‘不知耻者，无所不为。’没有道德滋养，法治文化就缺乏源头活水，法律实施就缺乏坚实社会基础。在推进依法治国过程中，必须大力弘扬社会主义核心价值观，弘扬中华传统美德，培育社会公德、职业道德、家庭美德、个人品德，提高全民族思想道德水平为依法治国创造良好人文环境。①”

由此可见，中华文明数千年传承至今，始终没有脱离舜开创的“德法兼治”模式，充分显示了中华先民们高深的政治智慧，当之无愧为古老中华文明的优秀理念和独特创造。

至此，舜巡狩了四方，建立健全了奖惩和刑罚体系，不仅巩固统治了权威，还为下一步更艰难的政治斗争做好了充分准备。

什么样的政治斗争在等着舜呢？

① 习近平：《习近平谈治国理政》第二卷，北京：外文出版社，2017 年版，第 116 页。

# 第五章　驱逐四凶　天下归心

一系列的准备工作后，当年尧所面临的最棘手的问题现在摆在了舜的面前。

> 谨兜进言共工，尧曰不可而试之工师，共工果淫辟。四岳举鲧治鸿水，尧以为不可，岳强请试之，试之而无功，故百姓不便。三苗在江淮、荆州数为乱。

当年尧找接班人，讙兜推荐共工，尧说不行，只用“工师”这个职位来试用共工。“工师”就是管理百工和手工业者的官职，各种营建制造的事情都归其管理。结果共工果然邪辟，邪辟有两种意思，一个是乖谬不正，一个是品行不端，用在共工身上估计是两个意思都有；四岳推荐鲧治理洪水，尧也认为不合适，四岳力请试用，结果九年没有绩效，反而给百姓带来更多苦难；三苗在江淮流域、荆州地区多次作乱。这些内忧外患已经到了必须解决的时候了。

> 于是舜归而言于帝，请流共工于幽陵，以变北狄；放谨兜于崇山，以变南蛮；迁三苗于三危，以变西戎；殛鲧于羽山，以变东夷，四罪而天下咸服。

于是舜巡视天下归来，向尧帝报告了共工、讙兜、鲧、三苗的问题，实际上这些问题尧比舜知道得更多，了解得更清楚。在尧的支持下，舜把共工流放到幽陵，用以变化北狄。幽陵，《尚书》和《大戴礼》都作幽州。在此之前共工主要活动在今天河南西部伊水和洛水流域，被舜流放到了今天北京密云县一带。把讙兜流放到崇山，以变化南蛮。崇山在哪里呢？《尚书正义》讲《禹贡》中没有记载，大概在衡山以南。朱熹推测在慈利县，《地理今释》认为在湖广永定卫西、大庸所东，不过这两个地方都在今天湖南张家界一带，看来大致位置还是确定的。把三苗迁徙到三危山，以变化西戎。三危山又名卑羽山，在今甘肃敦煌县东南。在羽山诛杀了鲧，以变化东夷。羽山在今山东临沭和江苏连云港交界处。惩治了这四大罪恶之后，天下人对舜都心悦诚服。

这段内容看起来比较简单，舜指出了讙兜、共工、鲧和三苗的罪行，请示尧帝后惩治了四凶，让天下人信服。实际上其中隐藏着巨大的信息量。

第一个小问题：讙兜何罪？从《史记·五帝本纪》开篇到这里，只写了讙兜一件事，就是向尧帝推荐共工做接班人，结果他被列为四凶第二位流放到崇山。只是在推荐人选问题上出了问题就算如此大罪么？在之后的记载中我们可以看到对讙兜的定罪是“掩义隐贼，好行凶慝（tè）”，但不像其他三凶的罪行说得那么具体。因此我们推测他被流放的主要原因是他与共工同属一个利益团体。这个团体有非常明确的政治目的，就是接替尧帝的位置成为邦国联盟盟主，这和尧选用舜做接班人的策略是针锋相对的。

第二个小问题：鲧和共工是不是一个利益集团？显然不是。首先，共工是作为接替盟主之位的人选出现的，而鲧只是作为治水的人选出现的；其次，共工是讙兜力主推荐的，而鲧是四岳力主推荐的。所以，这两人不是同一利益集团，但在对尧帝选用舜做接班人这个问题上，鲧和共工的看法是一致的，他也反对舜做接班人。

第三个小问题：三苗和其他三凶是不是同一利益集团？显然也不是。共工、讙兜、鲧和唐尧实际上都是华夏集团中的邦国、部落首领，前三者在唐尧集团统治核心中处于贵族阶层，服从尧的管理，这是内忧。而三苗是独立的不受唐尧管制的集团，实力强大到可以和华夏东夷联盟相抗衡，是一个强大的外患。

关于三苗的来源，《淮南子·修务训》高诱注："三苗，盖谓帝鸿氏之裔子浑敦，少昊氏之裔子穷奇，缙云氏之裔子饕餮（tāo tiè），三族之苗裔，故谓之三苗。"其说是否果真如此，不得而知，但应是两湖平原最具代表性的三个最大的部族则是可以肯定的。长江中游新石器时代后期的土著原始文化是三苗文化，这是近年来考古学界基本认同的。从两湖平原考古学文化区系类型看，大溪至龙山时期正好有三大文化体系，并且，发展到屈家岭、龙山时期，三大文化体系均出现了作为文化中心、部族聚落中心的巨大环壕土城。这样显赫的三大土著文化体系、三大部族聚落中心，与史称"三族之苗裔"的"三苗"不会是偶然的巧合吧[①]。

三苗集团在江淮一带的所谓作乱，实际上是三苗集团向中原挺进过程中与华夏东夷联盟的正常冲突。从今天考古发现的三苗文化遗址分布上来看，三苗集团的势力曾强力挺进中原，一度进占今天河南的中部，甚至到达黄河南岸，与黄河北岸的唐尧集团隔河相望，虎视眈眈。在尧舜时期，中原是各方势力都想占据的地方，因此碰撞冲突在所难免，在这个过程中没有正义和非正义之分。但后世史家秉承了成王败寇的观点，所以三苗就被写成了作乱。

第四个小问题：舜对共工、讙兜、鲧可以定罪并执行，但对三苗集团这样一个强盛的部落联盟是如何从江淮荆州一带迁徙或者说驱赶到

① 高崇文：《古礼足征》，上海：上海古籍出版社，2017 年版，第 422 页。

遥远的三危山呢？其实舜所迁徙的三苗不是指整个三苗集团，而是三苗集团中深入中原腹地那一支。在尧舜执政时期，江淮流域三苗集团中的一支不断向北发展，与华夏东夷联盟发生冲突，双方进行了两次较大的战争。第一次是尧执政时，双方在“丹水”就是今天的河南南阳、丹淅一带打了一仗。这一仗尧获胜，暂时遏制了这股三苗势力挺进中原的步伐，但并未伤其元气，所以他们很快又卷土重来。这次他们的对手变成了舜。第二次战争开始了，这次战争的过程没人能说清楚了，但激烈程度似乎远远超过了丹水之战。《吕氏春秋·召类篇》记载：“舜伐有苗，更易其俗”。“更易其俗”就是把对方的风俗习惯都给改变了。试想一下，如何才能在一个地区用自己的文化来取代对手的文化？那就必须彻底征服对手，对这个地区实施有效的占领。可见舜在这次战争中不仅打败了对手，还深入其腹地端了人家老窝，把对方的首领阶层全部驱逐迁徙。从考古发掘来看，长江中游发展了数千年的土著原始文化在龙山文化中期达到鼎盛后，突然间走向衰落。在华夏东夷联盟和三苗集团交汇的鄂西北、豫西南地区，先是呈现出仰韶文化，说明这里曾是华夏集团活动区，后来被屈家岭文化覆盖，与三苗挺进中原的历史传说相吻合，但在龙山文化晚期，这里再度被龙山文化面貌所取代，说明这里的统治权又被北方夺取。这些很可能就是尧舜时期华夏东夷联盟和三苗集团南征北战、争夺中原的考古证据。

第五个小问题:共工虽然向尧舜称臣，但舜真的要对他动手时，他会俯首就擒么？当然不会。要知道，共工集团的势力一直非常强大，《列子·汤问》记载：“共工氏与颛顼争为帝，怒而触不周之山，折天柱，绝地维，故天倾西北，日月星辰就焉；地不满东南，故百川水潦归焉。”

可见早在颛顼时代共工集团就是个厉害角色，敢于直接刀兵相见争夺盟主位置，虽然当时战败了，但到了尧舜时期又恢复了元气，恐怕这也是尧虽然明知共工“淫僻”却没有处理他的重要原因。等到尧隐退幕后，舜向共工集团问罪是动用了武力的。《淮南子·本经》记载：“舜之时，共工振滔洪水，以薄空桑。”这很可能就是共工集团对舜的反抗。《逸周书·史记解》：“昔有共工自贤，自以无臣，久空大官，下民交乱，民无所附，唐氏伐之，共工以亡。”唐氏就是尧，“伐之”显然是武力征服。虽然是舜动的手，但舜并没有真正登帝位，只是摄政，所以这笔账还是记在了尧的头上。

第六个小问题：鲧究竟是被杀死在羽山还是被拘禁在羽山？如果是被杀死，又是谁杀死了他？首先我们看“殛”这个字，这个字在《辞海》中只有一个意思：“诛戮”，就是杀害杀戮。殛鲧于羽山的意思很明确，就是在羽山杀掉了鲧。但后人的解释还是分成了两派，一派认为鲧被舜杀掉了，司马迁支持这个观点。在《史记·夏本纪》中他写道：舜“巡狩。行视鲧之治水无状，乃殛鲧于羽山以死。”一派认为舜只是把鲧流放在羽山，并没杀他。毕竟鲧治水无状不至于死罪，舜惩治四凶要的是天下归心，共工、讙兜也只是被流放了，因此舜不可能杀鲧。

但不管是哪一派对，鲧毕竟是死在了羽山。鲧为什么被杀？《韩非子·外储说右上》记载：“尧欲传天下于舜，鲧谏曰：‘不祥哉！孰以天下而传之于匹夫乎？’尧不听，举兵而诛杀鲧于羽山之郊。”韩非子之说固然是为了宣扬自己的学说，不过确实有这个可能性，鲧被流放到羽山后，仍然坚决反对舜摄政才被杀。

如果鲧是被杀掉，是谁干的呢？说法一，尧干的或者说是尧下令执行的，《左传》昭公七年云：“昔尧殛鲧于羽山，其神化为黄熊以入于羽渊。”说法二，舜干的或者说是舜下令执行的。除了前文《史记·夏本纪》的记载可以佐证，《国语·晋语八》也有段记载：“昔者鲧违帝命，殛之于羽山，化为黄熊以入于羽渊。”这句话里的帝就是指舜帝。实际上这两种说法并不冲突，因为这时候就相当于尧舜联合执政，杀掉鲧一定是尧、舜都同意的。而《山海经》则用神话提供了一个更具体的答案，《山海经·海内经》：“洪水滔天，鲧窃帝之息壤以堙洪水，不待帝命。帝令祝融杀鲧于羽郊。”从这句看，具体执行命令的很可能是祝融。

第七个小问题：舜治四凶是在他命禹治水前还是后？从这段记载中看，答案是在他命禹治水前。而且他命禹治水之时，鲧已经身亡了。

第八个小问题：舜战胜四凶的顺序是怎样的？这个问题缺乏明确的记载，所以我们只能从一些古籍中的只言片语来寻找线索并进行推测。我认为，舜不会同时对这四股势力宣战的，最佳选择是集中优势力量一个个解决对手。但他的对手也会寻找自己认为最合适的时机向舜宣战，最佳选择是把舜拖入一场混战。从《史记·五帝本纪》的记载来看，舜战胜对手的顺序依次是共工、讙兜、三苗、鲧。

以上就是这段看似平平的记述中所蕴藏的巨大信息量。而对这些信息的解读，也顺便解开了我开始读《史记·五帝本纪》时的一个小疑问：司马迁写《五帝本纪》共用4500余字，其中写黄帝用了590余字，写颛顼用了130余字，写帝喾用了240余字，写尧用了1300余字，写舜用了1900余字，总结用了290余字。可见他对尧、舜二人着墨最多。然而就在叙述尧的这1300字中，他竟然用了660余字来写舜，也就是我从开始一直讲到现在的，这些属于记述尧的部分却几乎完全在写舜。我当时的第一反应就是司马迁糊涂了么？这不是重复了么？一开始我想可能这660字是从尧的角度来写舜，后面1900字则是正面写舜。

但是分析完七个小问题后，我非常清楚地看到了一盘大棋。在这盘660个字的棋中，舜只是一个棋子，真正执掌整盘棋局的是尧。所以尽管其中越来越少看到尧的身影，舜似乎成了主角，但这660字却实实在在讲述的是尧。司马迁第一不糊涂，第二不重复。

当尧七十七岁的时候，他的天下并不是后人称道的“尧天舜日”般的太平盛世。多元化起源的文明在中华大地上纷纷崛起，其中势力最强大的三个集团都在向中原地带迅猛发展，试图占据天下之中。这三大集团分别是华夏集团、东夷集团和三苗集团。在黄帝打败蚩尤之后，华夏和东夷集团组成了联盟，联盟内由邦国联盟盟主执政。三苗集团自长江中游向中原地带挺近，与华夏东夷联盟发生了冲突。偏偏此时，一场浩浩汤汤（shāng shāng）的大洪水席卷中原大地，给华夏东夷联盟的人民生命财产造成了巨大损失，难民流离失所，引发了巨大的社会动荡。面对如此局面，他深感自己年岁已老，力不从心，迫切需要寻找一位可以治国平天下的接班人。

而当他临朝问政时，发现自己面临着一个非常复杂的局面:他虽然是实力最强的邦国，但围绕着谁可以接替邦国盟主之位，统治核心层出现了巨大的分歧，三个强大且有竞争力的利益集团浮出水面。第一利益集团是丹朱集团，放齐作为唐尧朝中重臣，代表了一众拥护丹朱继位的大臣。第二利益集团是共工集团，领导人是四凶之一共工，跟随他的讙兜也是四凶之一。共工氏族和讙兜氏族都拥有相当分量的话语权，这二者联合起来的分量不可小觑。第三利益集团就是鲧集团，鲧受封崇伯，又得四岳再三推荐受命治水，可见其也是有相当分量的话语权。

这个时候的尧该怎么办？ 作为一个七十七岁的老人，他一生的政绩无可挑剔，威望无人能及，百姓悦服，万民拥戴。如果从私心或者后世所谓的人之常情考虑，他把权力移交给这三个候选人中的任何一个，对他个人而言都是不错的选择。然而如果他这样做了，就不是尧了。尧之所以成为一个伟大的帝王，为后世所推崇景仰就在于他以天下为公。作为一个有着七情六欲的正常人，他在接班人问题上一定考虑过共工、丹朱甚至是鲧，他能够一下子指出三个人的缺点就充分说明了这一点。当他不从个人感情和私心出发，而是为天下苍生考虑的时候，他不放心将邦国盟主的位置交给他们，而且他不仅不放心，还想对他们进行清算，但这些利益集团盘根错节，势力强大，他难以下手。共工和鲧在试用中都没有取得成绩反而带来了许多问题，结果也没有受到任何惩罚。我认为这一点非常重要，因为能不能惩治四凶是一个非常重要的标志。

于是，在选择接班人这个问题上，尧做出了决定：等待。

这一等就是九年，鲧也整整治水九年。

这九年中，东夷的天空中升起了一颗闪亮的政治新星-舜。尧很快认定，舜正是他要寻找的那个接班人。这个年轻的东夷人身上有成为一代圣贤帝王所需要的高贵的品质、宽广的胸怀、过人的智慧，而且在民间特别是东夷人中有着非常高的声望。这就是舜所具备的政治资源。

尧看准了舜，毫不犹豫地投下了这盘大棋的第一个子：吾其试哉。

我试试他。这就是尧的高明之处。讙兜推荐共工，我试用了。四岳推荐鲧，我试用了。现在你们推荐舜，我也试用一下，公平、公正、公开，合情合理，没毛病。共工也好，鲧也好，丹朱也好，都找不出反对的理由来。

他把两个女儿嫁给舜，通过两个女儿对舜进行贴身考察。知夫莫若妻，还有什么能比这种考察更能看出一个人的好坏呢？而这以考察为名的婚姻不仅让共工等人无话可说，还巩固了华夏东夷联盟。

尧嫁二女，为舜进入邦国联盟统治层提供了有力的通行证和护身符。接下来他对舜进行各种试用，舜也是非常争气，在各种试用中满分过关。前文我提过一个疑问，舜固然资质好而且聪明智慧，但他毕竟没有丰富的从政经验，他是怎么做到全部满分过关？我认为是尧在背后指点他，尧将自己丰富的从政经验传授给舜，舜也没有辜负尧的期望，迅速地成长壮大起来。

通过了各种试用，舜在尧唐集团统治阶层站稳了脚跟。尧终于下出了关键的一步棋：由舜摄政天下，而他则抽身隐退。来自东夷集团的舜，在对华夏集团的共工、讙兜和鲧动手时几乎没有什么顾忌。摄政之后的舜通过一系列手段树立权威，然后向四凶宣战，一战成名，天下归心。

司马迁对这一战的描写非常简单，他只写了开战和战果，过程一个字没提。开战也只有几个字“于是舜归而言于帝”：看这个“归”字，舜把开战时间选在巡狩归来，巡狩中他见了四方诸侯君长，一方面巩固他的权威，一方面搜集四凶的种种罪行，并且确保在他动手时不会遭到太多人的反对。“言于帝”，制定好作战方案下定决心的舜，只等尧一声号令，就会冲锋向前。尧的这盘棋下得可谓深思熟虑，步步为营，下出了天下为公的无私胸怀，下出了天下大同的光辉理想，下出了古代中国历史上最辉煌的篇章。当棋局下到这一步，舜也不再是单纯的一粒棋子，他逐渐从尧的手中接过了这盘棋，成了合格的棋手。这不是一时一刻的棋局，而是一个非常漫长的过程，具体时间我们无从推算了。尧禅让给舜来摄政天下到他去世一共是二十八年。我无法想象在这场艰苦的战斗中尧、舜付出了多么大的努力，因为共工、讙兜、鲧、三苗绝对不可能束手就擒，乖乖就范的。“驱逐四凶”是华夏东夷联盟从根本上解决内忧外患的一场斗争，它由华夏东夷联盟内部的政治斗争和华夏东夷联盟对三苗集团的战争两个部分组成，在这两部分的斗争中不存在正义和非正义之分，但这场斗争的结果意义却是十分巨大的，对中华文明发展的影响也是截然不同的。舜治四罪，最重要的意义是标志着邦国联盟盟主权力发生了质的变化。早期邦国联盟盟主的权力还无法凌驾于全社会之上，距离真正国家意义上的王权还有很大差距，舜治四罪使得盟主的权力开始凌驾于全社会之上，这与之前的盟主权力具有本质性的变化，已经成了真正国家意义上的王权，这也就意味着舜所创建的虞朝不再是单纯的邦国联盟，而是已经向复合制国家形态嬗变了。

尧和舜在这场斗争中始终坚定地站在一起，共同迎接一个又一个的挑战，共同迎来一个又一个的胜利。牢固连接着这两位伟大帝王的不是权力，也不是名利，而是他们所共同具有的无私无畏、天下为公的价值信念和追求天下大同的伟大理想，这使得中华文明在起源之初就有着不同于其他古老文明的发展方向。

> 尧立七十年得舜，二十年而老，令舜摄行天子之政，荐之于天。尧辟位凡二十八年而崩。百姓悲哀，如丧父母。三年，四方莫举乐，以思尧。尧知子丹朱之不肖，不足授天下，于是乃权授舜。授舜，则天下得其利而丹朱病；授丹朱，则天下病而丹朱得其利。尧曰："终不以天下之病而利一人。"而卒授舜以天下。尧崩，三年之丧毕，舜让辟丹朱于南河之南。诸侯朝觐（jìn）者不之丹朱而之舜，狱讼者不之丹朱而之舜，讴歌者不讴歌丹朱而讴歌舜。舜曰："天也。"夫而后之中国践天子位焉，是为帝舜。

尧在位七十年的时候发现了舜，又过了二十年告老，让舜代行天子之职，把舜推荐给上天。尧从帝位上退下来二十八年时去世了。百姓如同父母去世一样悲哀，天下三年不奏乐以表示对他的哀悼。尧知道儿子丹朱不肖，不能把天下传给他，所以把帝位让给舜。（帝位）给了舜，则全天下都可以得到好处，只是丹朱痛苦；（帝位）给了丹朱，则全天下都会痛苦，只有丹朱得好处。尧说："总不能用天下的痛苦去让一个人幸福。"最终将天下让给了舜。尧去世，三年守丧期满，舜躲开丹朱来到南河的南边。四方诸侯来朝觐的不到丹朱那里而去找舜，打官司的不去找丹朱而去找舜，讴歌者不赞美丹朱而赞美舜。舜说："这是天意啊！"于是返回都城正式登上帝位，这就是舜帝。

这一段中交代了三点：第一，尧的去世，尧十六岁继帝位，在位七十年时用舜，这时候他八十六岁，试用舜三年把位置禅让给舜，这时候八十九岁，舜摄政二十八年时他去世，这样推算尧大约活了一百一十七岁。第二，尧禅位给舜的心声，天下为公。第三，丹朱的结局。在尧帝寻找接班人时，丹朱也是极具竞争力的一个，不过他没有落得共工、谨兜和鲧一样的下场。因为他没有什么大的罪恶，而且毕竟是尧的儿子，他从一开始就被父亲放到了那场惊心动魄的政治斗争漩涡之外。舜在正式登上帝位之前还曾向他做过“让位”的表示。至于他最终的结局，很快在接下来的段落中我们就可以看到。

最终在百姓和民众的选择中，我们的主角舜终于正式登上了帝位。在送别尧之时，让我们牢记他的这句话：“终不以天下之病而利一人！”这句话代表着中华先民在文明起源之初就追求的天下为公和大同世界的伟大理想，历经4000多年的沧海桑田、风云变幻，这句质朴无华的话仍然足以震撼我们每个人的内心。关心时事政治的同志应该还记得，在2017年中纪委十八届七次全会上，习近平总书记掷地有声地讲道：“得罪千百人，不负十三亿！”这是新时代带领中华民族走向繁荣昌盛的中国共产党人的强大心声，也是中华民族传承数千年的伟大理想和优秀传统！

好，让我们回到《史记·五帝本纪》，在司马迁笔下，舜的故事这才正式开始。

下　篇

# 舜的故事

# 第一章 舜的家庭背景

虞舜者，名曰重华。重华父曰瞽叟，瞽叟父曰桥牛，桥牛父曰句望，句望父曰敬康，敬康父曰穷蝉，穷蝉父曰帝颛顼，颛顼父曰昌意，以至舜七世矣。自从穷蝉以至帝舜，皆微为庶人。

虞舜，名字叫重华。他父亲叫瞽叟，瞽叟的父亲（舜的祖父或者说爷爷）叫桥牛，桥牛的父亲（舜的曾祖父）叫句望，句望的父亲（舜的高祖父）叫敬康，敬康的父亲（舜的天祖父）叫穷蝉，穷蝉的父亲（舜的烈祖父）叫颛顼，颛顼的父亲（舜的太祖父）叫昌意，到舜这里是七世了。从穷蝉到舜，都是庶人。虞舜，就是舜，因他属于有虞氏，所以也称虞舜。

前面我们说过，舜相传为姚姓，名重华，是有虞氏的人。那么古人的姓、氏究竟是怎么来的？做什么用的呢？关于这个，我曾请教过山东大学的张富祥先生，现在我把他给我讲的整理抄录在这里："中国古代姓氏的起源和发展要分三个阶段看：在完全的母系社会，男子'出嫁'而女子不出嫁，母族的称号就是'姓'，从母族分出来的女儿支族实际上是'氏'，但仍然沿用母族的姓号，即氏名和姓号是一样的，可简称'姓氏合一'；至迟到'五帝'时代，父系社会开始成长起来，男子不出嫁而女子出嫁，且出嫁的女子都带着自己的'姓'出嫁（为了区别婚姻），而她的子女就都跟着母亲姓，但子女的族（氏）却是按父系划分的，所以同父不同母的兄弟姐妹均属同族而有不同的姓，也就是姓和氏开始分离了，由此便形成‘男子称氏，妇人称姓’的风俗；大约直到西周后期，从母姓的风俗才逐渐消亡，而改以父系的氏名为姓，也就是跟着父亲姓，因而到秦汉之际，又再度‘姓氏合一’，如张王李赵之类既是氏又是姓，《史记》中便已姓、氏不分了。先秦载籍中的‘姓’，如姒、子（好）、姬、姜、姚、妫、嬴等，全都是母系之姓，还不能加于男子的私名之上，如现在常有人称的‘姬发’‘姬旦’‘姜望’‘嬴政’之类，实际上都不合乎那时的称谓规范。后世学者皆明知‘女生曰姓’，但对上古姓氏源流几乎全成一笔糊涂账，人们至今谈百家姓还动辄上推到远古，皆属胡闹。严格地讲，古代族群应该称‘姓族’更好，大量的‘姓族’即‘百姓’‘万姓’。在上古宗法统治体系下，‘姓族’是结构单位，其代表即家长、族长、酋长，而各级官吏亦由各级族长担任，所以早期的‘百姓’一词往往有‘百官’的含义。”

然而弄明白了这些之后，真正的问题来了：舜，姓姚名重华，有虞氏，姓、氏、名都有了,但不论是上古时期男子称氏不称姓，还是后来姓氏合一，都和“舜”字无关。有人分析舜是谥号，并且在《谥法》中可以查到：“仁盛圣明曰舜。”可是根据今人研究，谥法在西周以后才有。那为什么人们要用“舜”来称呼这位中华人文始祖和道德始祖呢?

我认为：舜是当时拥戴他的百姓和民众用于代替他真实姓名的称号，根源于禁忌和巫术对先民的深刻影响。

我们先来看禁忌。弗洛伊德在他的《图腾与禁忌》中分析了禁忌的起源。他从波利尼西亚的“塔布”谈起，指出在欧洲、美洲、非洲以及亚洲都可以找到与“塔布”相似的字眼，这些都是古老的“禁忌”。他认为“塔布”代表了两种不同的含义。一方面，是“崇高的”“神圣的”；另一方面，则是“神秘的”“危险的”“禁止的”“不洁的”。他引用冯特的观点指出，塔布的形成比任何神的观念和宗教信仰的产生还要早，是人类最远古的法律形式。他在书中还摘要记录了《大英百科全书》里关于禁忌的解释，其中提到：“严格地讲，禁忌仅仅包括：①属于人或物的神圣不可侵犯的（或邪恶的）性质。②由这种性质所产生的禁忌作用。③经由禁忌作用的破坏而产生的神圣性（或邪恶性）。”“禁忌的目的很多：①达到直接禁忌的目的：保护重要的人物（如领袖、僧侣等），使其免于受到伤害。……”[①]

我认为冯特的观点是正确的，禁忌的产生要远远早于宗教，但是在随后的人类社会发展过程中，它由于其“神圣性”“邪恶性”和“神秘性”与巫术和宗教紧密地结合在了一起，在远古人类社会中，不论是西方文明还是东方文明，实施禁忌的重要目的中都包括保护领袖、巫师（僧侣）的生命安全这一项。从弗洛伊德在《图腾与禁忌》的论述中我们可以看到，禁忌是远古人类一种非常重要的社会规范，它被普遍的严格遵守，触犯禁忌的人将会受到严厉的惩罚，甚至失去生命。也就是说，上古时期所有氏族、部落和方国的民众都必须采用各种方式来遵从禁忌的要求，这其中就包括采用各种方式来保护他们的世俗以及神权领袖。

然而保护世俗和神权领袖和给他们一个与其姓名毫不相关的称号有什么联系呢？

这就涉及巫术了。巫术的产生同样早于宗教。人类自产生后就一直为谋求生存之路不断地与自然作斗争，从而产生了强烈的对周围世界进行控制的愿望。他们在几十万年甚至上百万年中的生产活动中不

①〔奥地利〕弗洛伊德：《图腾与禁忌》，北京：中央编译出版社，2015年版，第28页，29页，30页。

断重复着相同的行为，从中发现了一些异常的或者偶然发生的却导致了收获、成功或者失败的行为，他们认为这种行为可以有效控制自然和超自然力量，于是总结出来并反复模仿和检验，由此形成的心理、认识和行为就构成了最早的巫术。巫术一经产生，就很快地被人们使用来“控制”风霜雨雪等自然现象，“保证”渔猎成功和农耕的丰收，禳灾祓祸、求得吉祥平安。

张紫晨认为：“巫术是人们在蒙昧阶段对物质世界和精神世界的一种认识形式和实用的手段，并直接影响到人们衣食住行的各个方面。在人们的主观能力与客观世界自然力以及社会力的比差相当悬殊的情况下，通过巫术行为的有形活动，曾经激发并增强人类对自身能力的认识与信心，相信由人类自身发出的巫术手段可以达到自己的目的。这种对巫术的信力，是生产力十分低下的原始人谋求生存与斗争的不小的精神支柱。”[①]和禁忌一样，巫术的产生也远远早于宗教的产生。巫术在发展过程中由于认识根源的错误无疑会屡屡受挫，巫师对待挫折的态度使得巫术分成三种发展路径：有的检讨挫折原因时诉诸于客观和符合自然规律的诉求从而向科学的方向发展；有的检讨自身和巫术行为施行的条件是否符合支配超自然力量的要求，从而向更加复杂神秘的巫术继续深化发展；有的则翻身跪倒在他们曾经试图支配和征服的超自然力量身下，对其顶礼膜拜，从而向宗教的方向发展，在这种情况下他们所掌握的巫术也就成为一种典型的宗教行为。

弗雷泽认为，巫术赖以建立的思想原则可以归结为两个方面：第一是“同类相生”或果必同因；第二是“物体一经接触，在中断实体接触后还会继续远距离的互相作用”。前者可称之为“相似律”，后者可称之为“接触率”或“触染律”。巫师根据第一原则，即“相似律”引申出，他能够仅仅通过模仿就可以实现任何他想做的事；从第

① 张紫晨：《中国巫术》，上海：上海三联书店，1990年版，第1页。

二个原则出发，他断定他能通过一个物体来对一个人施加影响，只要该物体曾被那个人接触过。不论该物体是否为该人身体之一部分。[①]

弗雷泽的接触律对于中国巫术同样适用，但却有了更多的发展变化。张紫晨认为："中国巫术中的接触律，似应说成是象征律更为合适一些。在中国巫术所由产生的思想基础中，一个不可忽视的现象便是象征性，即通过某些事物之间的相似，包括形体、内涵及名称声音的相似，追求其中的象征意义。"这背后非常重要的一个心理因素就是："一方面是相信这种举动与言词可以发生巫术的效力，一方面也是出于对人类语言魔力的确信，表现出巫术与语言之间的密切关系。"[②]李安宅先生指出："语言所代表的东西所要达到的目的，根据原始信仰，都相信与语言本身是一个东西。或与语言保有交感的作用。因为这样，所以一些表达欲望的辞句一经说出，便算达到目的。"[③]这种语言的魔力引发了独具特色的中国巫术，或者说是魔力、法术。虽然这种旁门左道没有被正史记载，但我们在一些小说中可以看到它的影子。比如《封神演义》中的青龙关总兵张桂芳，阵前作战，只需知道面前敌将的姓名，大喝一声："某某某不下骑更待何时！"，对手立刻就会跌落马下束手就擒。《西游记》中金角大王、银角大王的红葫芦和玉净瓶，只需对准敌人喊其名字，敌人只要一答应就会被装进去。而自古流传至今的叫魂术，则更是这种中国巫术的典型例证，施法者只需要呼唤失魂者的名字，就有可能把其丢掉的魂唤回来。在这种巫术中，"姓名"成了主人的身体的一部分它被认为是主人的象征，通过对"姓名"施展法术，就可以直接影响到它的主人。

① 弗雷泽：《金枝》，北京：中国民间文艺出版社，1987年版，第19页。
② 张紫晨：《中国巫术》，上海：上海三联书店，1990年版，第71页。
③ 李安宅：《巫术与语言》，上海：上海文艺出版社，1988年版，第14页。

而姓名一旦成为巫术施法的重要对象，直接导致了在巫术流行的时代和地区，一个人的真实姓名必须严格保密。“许多原始民族都以私名为忌，不准旁人知道，或用几个名，隐起真名。”[①]

在上古时期，禁忌、巫术和宗教对整个社会的政治、经济、文化等各个方面都有着巨大的影响，对先民们的思想、认识和行为规范起着决定性的作用。宗教确立了氏族、部落、邦国世俗和神权领袖高高在上的位置，他们的生死祸福和整个氏族、部落、邦国及全体成员的兴衰荣辱都密切相关；巫术让先民们相信，人的姓名等同于人的身体的一部分，通过诅咒一个人的真实姓名，就可以加害于这个人；禁忌则让先民们必须想尽一切方法来保护他们世俗和神权领袖的生命安全，因为那关乎到他们整个氏族、部落的至高利益和他们每个人的切身利益。于是，避免公开称呼、从而使敌人无从得知己方世俗和神权领袖的真实姓名就成了一个重要事情，而使用一个与己方世俗和神权领袖真实姓名毫不相干的称号来代替则成了最佳的解决方案。这种做法有着古老禁忌和宗教的原因，本质则是典型的巫术行为。在中国，这种思想的影响极为深远，中国历史上历代帝王对名讳的严格规定就是这种思想的孑遗。

前文我们讲过，中国原始宗教在龙山时代中晚期已经发展到了巅峰时期。舜二十以孝闻天下，三十被尧举用，摄政天下，驱逐四凶，命禹治水，创建虞朝，万民拥戴，天下归心。对于这样一位伟大的领袖，百姓和民众出于爱戴和保护他的禁忌出发，采取了用“舜”这个称号代替他的真实名字来称呼他的巫术行为，是非常有可能的。

从司马迁列出的家谱可以看出，舜是黄帝和颛顼之后，有贵族的血脉。只是从穷蝉开始到舜，都是庶人，属于贵族阶层中最低等级的平民。当然，我们看这个家谱是要存疑的，自古以来史学家对颛顼、

① 张紫晨：《中国巫术》，上海：上海三联书店，1990 年，第 75 页。

帝喾、尧、舜等均被编入黄帝谱系一直有不同意见，因为其中存在着一些明显不合理的地方，比如按《史记》记载来算，禹成了舜的爷爷辈。但是这个世系应该是司马迁参考了不少资料列出来的，这里面一定隐含着有用的线索，在我们还不能拿出更准确的说法之前，也只能存疑了。

关于舜的出生，还有种种民间传说。传说舜出生时，恰好窗外木槿花开，因此木槿花又被叫作舜花。所以我们看《诗经·郑风·有女同车》这一篇：

> 有女同车，颜如舜华，将翱将翔，佩玉琼琚。彼美孟姜，洵美且都。有女同行，颜如舜英，将翱将翔，佩玉将将。彼美孟姜，德音不忘。

文中的舜华、舜英，都是指木槿花，这就是来源于舜花的民间传说。

还有说舜的母亲握登看到天上的彩虹怀孕生了舜，还有说舜的母亲怀舜的时候梦到凤凰。据说，舜生下来是重瞳，所以叫重华。重瞳就是一个眼中有两个瞳孔，这听起来挺神奇，不过现代医学认为这种情况属于瞳孔发生了粘连畸变，从O形变成∞形，虽然不影响光束进来，但很可能是早期白内障的现象。重瞳在古代被认为是一种异相、吉相，据说除了舜，中国历史上还有七个重瞳的名人，他们分别是：为黄帝造字的仓颉、晋文公重耳、楚霸王项羽、十六国中后凉的建立者吕光、北齐开国皇帝高洋、隋朝名将鱼俱罗、五代十国的南唐国主李煜。

舜的名字叫重华，他姓什么呢？姓姚。舜的姓名是姚重华，西晋皇甫谧还说舜字“都君”。那么问题来了，舜姓姚名重华，字都君，有虞氏，姓、氏、名、字都有了，那么舜是个什么称呼？有人说，舜是个谥号，《谥法》说“仁盛圣明曰舜”。据今人研究，谥法在西周以后才开始，舜那个时代并没有。还有人认为，舜是当时的一种称号。这个问题目前还难以找到最合理的解释。

舜父瞽叟盲而舜母死，瞽叟更娶妻而生象，象傲。

舜的父亲瞽叟双目失明而且母亲去世了，瞽叟又娶了妻子生下一个儿子象，象狂傲骄纵。我们先来看瞽叟这个名字，直译就是瞎眼老头，与其说这是舜生身父亲的真名，不如说是一个外号。这里有个问题，瞽叟是瞎子么？我们先来看“瞽”这个字，它在《辞海》中有三个释义：①瞎眼；②乐官代称；③比喻人没有观察力。这三个释义导致了后世有两种说法。第一种，瞽叟是瞎子。第二种，瞽叟不是瞎子，但有眼无珠不能分辨善恶美丑，所以叫他瞎子。同时从释义中还引出了一个观点，那就是瞽叟是有虞氏的乐官，并且舜从小受到父亲的熏陶，具有音乐的天赋，所以后来才能创作出《南风歌》等音乐。这三种说法都有道理，我更倾向于第二种。至于原因，我们后面会讲到。

瞽叟爱后妻子，常欲杀舜，舜避逃；及有小过，则受罪。顺事父及后母与弟，日以笃谨，匪有解（xiè）。

瞽叟喜欢后妻和小儿子象，经常想着要杀掉舜，舜都逃掉了。有小的过错，就接受处罚。顺从地服侍父亲、后母还有弟弟，天天都忠实谨慎，不敢有松懈。解，古同“懈”，松弛，懈怠的意思。

我们现在有句话叫“后娘养的”就是用来调侃舜小时候这种处境的。中国文化中几千年来流传的后妈一词，我们今天终于找到它的源头了。由此开始的舜的家庭故事，多出于后世儒家的观念，不好考证其真假，但其中一些东西能反映出西汉之前的社会背景。

瞽叟喜新厌旧，喜爱后妻和小儿子象，对舜有所嫌弃也许是事实，但也不至于会对舜起杀心啊，这究竟是为什么？

舜莫非不是他亲生的么？

舜当然是他亲生的，而这很可能就是他想杀舜的原因。

因为尧舜时期有一种“收继婚”制。收继婚又叫转房婚，在古代东西方均有这种风俗，狭义地讲，要求婚嫁后的女性在丈夫去世后嫁给丈夫的兄弟；广义地讲，婚嫁后的女性在丈夫去世后嫁给丈夫家的其他男性（亲生子除外）。这种风俗起源于氏族族外婚时期，当时人们认为嫁到本氏族的女子不仅属于夫家且属于夫家所在的氏族。丈夫死后，其妻嫁往别处就会造成本氏族财力和劳动力的流失，收继婚则可将其留在氏族内，所以收继婚是一种财产继承的转移和变异形式。用句通俗的话讲就是“肥水不流外人田”。在中国古代至少到宋朝之前，这种情况比较普遍，且主要是在上层社会流行。比较有名的如隋炀帝收继庶母宣华夫人，唐太宗收继弟弟李元吉的妃子杨氏，唐高宗收继父亲唐太宗的才人武则天，中国四大美人之一王昭君在丈夫呼韩邪单于死后被单于的长子收继。宋朝之后汉族的这种风俗逐渐消失，但在少数民族仍有延续直到近代。按照这种制度，一旦瞽叟去世，舜是可以“收继”他的继母的，而且家中所有财产都归舜处置，继母和象分不到一个子。

我们可以推想舜绝对做不出这种事情来，但瞽叟可不这样认为，以他对后妻和象的喜爱，是不能容忍这种事情发生的，而要杜绝这种事情发生就只有一个办法：

杀掉舜。

面对杀心萌动的父亲，舜展现了两个方面的东西，第一就是他过人的聪明智慧，瞽叟要杀他，他居然都逃掉了。如果是小的责罚，他就过来认罚。这种对危险的判断和应变能力不得不令人敬佩。他不和父亲对着干，却又不逆来顺受，这种处事的分寸掌握也是非常不容易的。第二就是真正的孝道绝不是愚孝。舜开创了中华孝文化，是中华民族二十四孝之首。然而在接下来的几千年里，出现了很多愚孝，一些违背人伦常理的孝行也被人称赞，比如这句“父叫子亡，子不敢不亡”的话。其实对这种不讲立场的愚孝孔孟是坚决反对的，《孔子家语》中讲了一个故事：曾参犯错后，老老实实接受父亲责打，结果被打昏了，好久才苏醒，他自己认为这是孝道还很自豪。孔子听说后却气得不许他进门。别人问孔子为什么，孔子就举了舜的例子，说：舜小的时候，父亲用小棍棒打他，他就挨着，父亲用大棍棒打他，他就赶紧跑，父亲要找他干活，他随时在身边，父亲想杀他，总是找不到他。舜用这种方式不让父亲陷入不义，这才是真正的孝道。

好，我们接着查户口。

舜，冀州之人也。

司马迁这句话引起了一场两千多年关于舜是哪里人的争论，目前加入争夺战的主要有山西、山东、河南、浙江等省份。关于舜是哪里人，概括起来大约有三种说法：最早的记载在《孟子·离娄下》中：“舜生于诸冯（píng），迁于负夏，卒于鸣条，东夷之人也。”我们暂称之为“孟子东夷人说”；过了大约二百多年，西汉司马迁在《史记》中记载，舜是“冀州之人”，我们暂称之为“司马迁冀州人说”；到了东汉，许慎在《说文解字》讲到姚字时说：“虞舜居姚墟，因以为姓。”西晋皇甫谧根据许慎的说法《帝王世纪》中说：“瞽瞍（sǒu）妻曰握登，见大虹意感而生舜于姚墟，故姓姚氏，字都君”。我们暂称之为“东汉许慎姚墟说”。

先来看“孟子东夷人说”中的东夷和诸冯。东夷，这个概念自古以来就比较明确，就是指今天以泰山为中心的整个山东半岛及邻省接壤地带。“诸冯”就是“诸”，“冯”字是个轻读语尾音。这是先秦时期人们读单个字的名词常用的方式，比如吴国的“吴”读作“句吴”或“攻吴”。关于诸冯的地望现在主要有两个地方在争：一是山西垣曲县诸冯山，但山西自古不是东夷之地，且诸冯山在先秦时并无此地名，故不符合；一是山东诸城，中国历史上最早使用“诸”字做地名的就是这里，春秋时为鲁国的一个邑，隋文帝时正式称“诸城”。

我们再来看“司马迁冀州人说”。这是引起两千多年争论的焦点，不少人就是据此认为舜是山西人，为什么呢？根据《尚书·禹贡》记载，冀州西、东、南均以黄河为界和雍州、豫州、兖州、青州为界，俗称两河之间，这个区域主要就是今天的山西，主张舜是山西人的就是以此为依据。但是这些人忽视了一件事，那就是冀州作为一个地域区划从产生后一直在不断变化，司马迁所在西汉时期的冀州区划和《禹贡》中的冀州区划已经差别很大了，这个有明确记载，有兴趣的可以去查下谭其骧主编的《中国历史地图集》第二册秦汉卷，西汉时期的冀州包括的主要区域已经不是今天的山西，而是今天河北省邯郸市、邢台、石家庄三个地区的全部，衡水地区的大部，保定地区的西南部，沧州地区的一小部，今天河南省北端，还包括了山东省西北一部分，其中包含今天聊城、滨州的西北部，今天德州的夏津、武城、高唐、平原、乐陵、庆云部分地区和聊城的临清、冠县部分地区及滨州市北部部分地区。今天被包含在西汉冀州区划中的山西只有东部与河北省的部分接壤地带。因此舜是哪里人，从“司马迁冀州人说”来看至少有河北、山西、山东、河南四种可能性，不能以此认定舜是山西人。

最后我们来看“东汉许慎姚墟说”。关于姚墟，古文献记载有两处。一处在今天山东菏泽，一处在今天浙江余姚，都是根据成书于公元642年的唐朝《括地志》，这是今天这两个地方争抢舜出生地的主要根据。但我们仔细看下姚墟说的最早出处就可以排除它了：“虞舜居姚墟”，居就是居住的意思，这和出生是完全两回事。而西晋皇甫谧《帝王世纪》中固然是写了“瞽瞍（sǒu）妻曰握登，见大虹意感而生舜于姚墟，故姓姚氏，字都君”这句话，但所有引用这句话的人都没把后面紧接着的一句话引上，皇甫谧后面又写了一句什么话呢？“家本冀州，其母早死。”看，又是冀州。家本冀州的含义非常明确，舜老家是冀州的。很有意思，冀州的区划在西晋时期也还是存在的，谭其骧先生在《中国历史地图集》第三册《三国、西晋时期卷》中画出了西晋时期的冀州区划，虽然和西汉时期的冀州相比又有变化，但有一个特点是相同的，那就是与尧舜时期的冀州区别差别较大，主要包括今天河北省的大部地区及其接壤地带，今天的北京、天津、山西、河南、山东都有一部分在里面。

通过对这三说的分析，我们可以看到时间最早、指向最明确的就是“孟子东夷人”说了，而另外两种说法均无法确切地表明舜是今天的哪里人。

但是为什么司马迁没有使用“孟子东夷人”说呢？作为一个比较严谨的史学家，司马迁在写《史记》时不仅翻阅了大量资料，也亲自考察了许多地方，他一定知道孟子的说法，但却没有沿用，很可能是看到了其他不同的资料。他提出舜是冀州人的说法，却又没象“孟子东夷人”一样有个确定位置。因此这个问题，恐怕还要继续争论下去喽。

# 第二章 舜的成长轨迹

舜在这样的家庭环境中生活，注定了他的成长历程要比别人更加艰难，他从青少年起就走南闯北，历经磨炼。

舜耕历山，渔雷泽，陶河滨，作什器于寿丘，就时于负夏。

这句话直译很简单，就是说舜在历山耕种，在雷泽捕鱼，在河滨制陶，在寿丘做过各种手艺，在负夏做过生意。但里面的内容两千多年来争讼不断，至今难有定论。

北宋舜子耕田（象耕鸟耘）砖雕

“舜耕历山”并不见于《尚书》，在其他先秦典籍中虽然多处有记载，但都是诸子百家和政客为了阐述自家观点举例的时候提到的。

《墨子·尚贤下》：“是故昔者舜耕于历山，陶于河濒，渔于雷泽，灰于常阳。尧得之服泽之阳，立为天子。”

《管子·版法解》：“舜耕历山，陶河滨，渔雷泽，不取其利，以教百姓，百姓举利之。”

《吕氏春秋·慎人篇》：“舜耕于历山，陶于河滨，钓于雷泽，天下说之，秀士从之，人也。”

《韩非子·难一》：“历山之农者侵畔，舜往耕焉，期年。甽（quǎn，通畎）亩正。河滨之渔者争坻（chí，水中小块高地），舜往渔焉，期年而让长。东夷之陶者器苦窳，舜往陶焉，期年而器牢。仲尼叹曰：‘耕、渔与陶，非舜官也，而舜往为之者，所以救败也。舜其信仁乎！乃躬藉处苦而民从之。’故曰：‘圣人之德化乎！’”

《韩诗外传·卷七》：“故虞舜耕于历山之阳，立为天子，其遇尧也。”

从上述资料来看，春秋战国时期人们已经对舜的事迹比较熟悉，而最新的资料表明很可能在西周初期，舜的故事就已经为人们所熟知了。

2008年7月，清华大学清理收藏了一批战国竹简。经鉴定为战国中晚期文物，文字风格主要是楚国的，这批竹简在秦之前就被埋入地下，没有受到焚书坑儒的影响，所以能够最大限度地展现先秦古籍原貌，这批竹简被称作“清华简”。《清华简·保训篇》中记载了周文王在位五十年时感觉自己大限将至，于是把太子发叫来进行教导，他对太子的训话中就讲到：“昔舜旧做小人，亲耕于鬲（历）丘。”这应该是最早关于舜耕历山的记载。这个材料它说明什么呢？说明舜这个人物和舜的事迹恐怕不完全是春秋战国时期诸子百家出于托古改制的需要而凭空编撰的。

接下来我们看看历山，据说全国大概有二十一处历山，比较著名的有七处。《辞海》是这样记录的：

清华简

相传舜耕历山，其所在说法不一，较著名的有：①在山东省济南市东南，又名舜耕山、千佛山。《水经·济水注》：“山上有舜祠，山下有大穴，谓之舜井。”②在山东菏泽东北。《水经·瓠子河注》：“雷泽西南十余里有小山，孤立峻上，亭亭杰峙，谓之历山，有陶墟，为舜耕陶所在。”③在山西垣曲东北。为中条山主峰之一。山上有舜王坪。④在山西省永济县东南。《水经·河水注》：“历山谓之历观，舜所耕处也。《括地志》：“雷首山亦名历山。”⑤在浙江余姚县西北，相传舜后裔居此。⑥一名釜历山，在今浙江永康县南。圆峰屹立，状如覆釜。山巅有田、井、潭，皆以舜名。⑦在湖南省桑植县西北，澧水发源于此。

这七处我们可以用下排除法，浙江、湖南远离东夷之地，很可能是舜南巡或者舜的后裔迁徙到那里留下的遗迹。因此第5～7条都可以首先排除；山西是舜被尧发现后的主要活动地域，他在青少年时期还没有到达这一区域，因此第3、4条也可以排除；最后就剩下济南说和菏泽说，二者都有多种文献记载证明历山在其境内，但是最早被称作历山的就是济南的千佛山，《辞海》解“历下”一词可以证明：“历下，古邑名，春秋战国时齐地，在今山东济南市西，因南对历山，城在山下而得名。”可见其历山之名早在春秋之际就是公认的了。

济南因为舜耕历山的传说，最晚在唐朝起就被称作“舜城”。唐肃宗乾元年间的诗人魏炎写过舜井题诗三首，其一写道：“齐州城东舜子郡，邑人虽移井不改。时闻汹汹动绿波，犹谓重华井中在。”“舜子郡”中的“舜子”即古人对舜的称呼，“郡”即“城”，故“舜子郡”就是“舜城”，犹如1936年民国散文家倪锡英写的《济南》第一章标题用了“泉之城”三字后，人们遂将济南称为泉城一样。此后不少文人墨客沿用了这个称号来称呼济南。比如清初诗人朱昆田有诗云:“我来舜子郡，日向泉边游。”康熙年间诗人朱缃诗云:“起视舜子城，乱烟隔山觜（zī）。”晚清诗人李廷芳诗云：“舜子城边又夕晖，秋来景物望依依。”

舜耕历山为济南留下了丰富的舜文化资源，千佛山上有1600多年历史的舜祠和供奉尧舜禹的三圣殿，山下的舜井是中华第一古井和圣井；舜井之畔的舜祠曾是济南府规格最高的宗庙群；“趵突泉畔有纪念大舜之妻娥皇、女英的娥英祠和供奉尧舜禹的三圣殿”。大明湖畔建有承载着舜文化的北渚桥和闻韶驿；泉城广场名人走廊，大舜的铜像排在首位。自古以来流传着“孝感动天，象耕鸟耘”“舜井锁蛟，铁树开花”

等民间传说。时至今日，这座城市中名字还有大量带“舜”字的地名、街道、小区、学校，经工商正式登记注册的企业字号中带“舜”字的有1400多家。舜与舜文化已经成为这座城市的“集体无意识”。

但千佛山就是舜所耕的历山么？实际上，尧舜时期的人们并没有非常明确的地域观念，舜耕历山的大致范围在济南一带，未必就在今天的

千佛山舜祠

趵突泉畔娥英祠

千佛山下，只是后人为了纪念舜需要确定一个载体，从而认定千佛山就是历山。至于其他的历山，其形成无外乎两种原因，一是舜曾在那一带活动过，后人为了纪念而取历山之名；二是爱戴舜的有虞氏部落或舜的后裔迁徙所到之处，为了纪念舜而取历山之名。同样道理，全国各地诸多的雷泽、河滨也都是这样。

雷泽又称雷夏泽。《辞海》解：①古泽名。一名雷水。在今山西永济南，源出雷首山，南流入黄河，相传为“舜渔雷泽”处，实因水有雷名，强为牵和。②古县名。治所在今山东菏泽东北，因雷夏泽得名。可见舜青少年渔猎的雷泽在今山东菏泽。

河滨，有说今菏泽定陶，有说今曹州滨河，还有说今山西永济县。从后面舜的活动范围都在菏泽和河南濮阳一带来看，舜青年时期制陶所在还到不了山西，应该在今天菏泽一带。

寿丘，皇甫谧曰：“在鲁东门之北。”在今天山东曲阜旧县村东，也是东夷部族首领少昊陵寝所在地。

负夏，郑玄说是“卫地”。《魏典》说：“负夏卫邑，一作瑕丘，在今河南濮阳县东南，春秋卫邑。”舜就时于负夏，应该是中国最早关于商人的历史记载了。过去人们认为商朝人祖先“王亥”是中国最早的生意人，《管子·轻重戊》中记载他“立皂牢，服马牛，以为民利”，由于他是商朝人，所以后人又称做买卖的生意人为“商人”。现在看来舜比他还要早，可以称为商人鼻祖了。从这个记载来看，尧舜时期已经有了简单的商品经济了，大概是以物易物的交易方式为主。近年来的考古发现为此提供了证据支持。考古工作者发掘出了大量的龙山文化城址，在这些城址中可以看到制陶、石器等手工业已经形成了一定的规模，生产出来的产品除了自己使用，还有足够的量用于商品交换。

我们回过头来看看，这段话大致画出了舜青少年时期的成长轨迹和迁徙路线。他从诸城出发向西北方向即东夷族的神山泰山方向行进，在泰山之阴、济水之南的历山下耕种过，后继续向中原地带迁徙，在今菏泽、曲阜一带捕鱼、制陶、做手工艺，来往于河南濮阳做生意，最终来到了晋南。当然这条推测中的路线只是一家之言，但他和有虞氏族人从东向西迁徙的方向是准确的，这与当时中华大地上各个族团纷纷向中原地带挺进的趋势是吻合的。

舜父瞽叟顽，母嚚（yín），弟象傲，皆欲杀舜。舜顺适不失子道，兄弟孝慈。欲杀，不可得；即求，尝在侧。

舜的父亲瞽叟心不向善，母亲愚顽，弟弟狂傲骄纵，都想杀舜。舜顺从父母不失子道，待弟友善。这三人想杀他，找不到机会；有需求的时候，他又总是在身边。“顽”“嚚”，《左传》解：“口不道忠信之言为嚚，心不则德义之经为顽。”《十三经注疏》对“顽”字用了《左传》的解释，但没有对“嚚”字做出解释，《辞海》则对“父顽母嚚”的“嚚”字明确解释道：“愚顽”。这句话道出了一个非常险恶的家庭环境，险恶到什么程度呢？这一家四口人，三口人都是奸恶之人，而且这三个人还是非常铁的同盟，他们有着一个共同的目标就是杀掉舜。在这样一个险恶的环境中，能保住命就已经非常不容易了。然而舜却仍然坚持着他对父母的孝道，对兄弟的友善。不仅如此，他总是通过机警的逃避，不给家人犯错的机会，却又不会因为逃避而疏忽尽孝道的责任。这就不仅仅是孝道了，更需要过人的智慧才能做到。舜的孝行一传十，十传百，得到了越来越多人的认可和称颂，于是——

舜年二十以孝闻。

舜在二十岁的时候就以孝道闻名。

# 第三章　踏上接班人之路

以孝道闻名天下的舜，终于在三十岁的时候迎来了人生中的重要机遇。

**三十而帝尧问可用者，四岳咸荐虞舜，曰可。**

三十岁的时候尧寻找接班人，四岳都推荐舜，说舜可以。

舜在二十岁的时候就已经很有名气了，到了三十岁才被举用，这十年间他做什么了？这十年是他四处闯荡的十年，他饱览了壮丽秀美的山川，接触了丰富多彩的风俗人情，也看到了滔天洪水的灾难，发现了身边社会的种种黑暗。这十年他仍然以孝道维持着家庭的和睦，然而这个家庭却让他始终无法顾及自己的终身大事。这十年也是他的声名传播越来越广的十年，他从一个默默无闻的少年，成为以孝闻天下的青年，步入了四岳皆曰可的中年，走到了他人生的重大转折点。

尧有着熟练的政治手腕，尽管他已经对舜这个人有了充分了解，但他就是不提，而是一个劲地追问四岳："你们有没有合适人选？"四岳都推荐舜。这就是策略，如果他直接举用身为庶人的舜，很可能就有反对的，甚至都可能有人站出来说：舜算什么，某某某就比他强！

尧可不想给这种人机会，他不停地追问众臣：你们倒是赶紧推荐合适的人啊？结果谁也推荐不出合适的。四岳是群臣之首，也是唐尧统治阶层中最有威望的。这四个人九年前向尧推荐鲧，尧说不行，四个人说没别人了，试试他吧。结果鲧九年治水不成。这次面对尧的追问推荐了舜，他们会怎么对待舜？毋庸置疑，他们会对舜处处鼎力相助，不会有半点为难，因为他们已经犯过一次错了，舜如果再出问题，这面子上可真是挂不住了。

尧稳坐钓鱼台，始终把握着全局的主动权。好了，舜是你们推荐的，他干好干坏和我无关，但和你们有着莫大的干系。而且别看你们都推荐他，我还必须显示我选人用人的公平、公正、公开。

我得试试他。

于是尧乃以二女妻舜以观其内，使九男与处以观其外。

尧把两个女儿嫁给舜观察其修身齐家的能力，又让自己家族的九个男性族人和舜相处观察其待人接物的能力。由此可见尧对舜是有着充分了解的，他这样一个深谋远虑的政治家，怎么可能随便把两个女儿嫁给一个毫不了解的外乡人？同时，尧嫁二女还有另外一个用意，因为从当时的观点来看舜还是有不足之处的，三十岁了还没有娶老婆。尧的决定弥补了舜的不足之处，提升了舜的身份和地位，也能使他更准确地对这个接班人的能力做出判断。

舜居妫汭，内行弥谨。尧二女不敢以贵骄事舜亲戚，甚有妇道。尧九男皆益笃。

妫汭，妫水的弯曲处。妫水是古河流的名字，发源自山西永济县的历山，向西流入黄河。由此我们可以知道，舜和他的族人最晚在他三十岁的时候迁徙到了今天山西永济一带，在尧唐都城（今山西襄汾一带）的西南方。大概正是由于他非常接近尧都，所以他的事迹才被尧知晓。晋南地区从地域上看是典型的华夏文化区域，但近年来发掘的考古资料显示，在该区域相当于龙山文化中晚期的地层中出现了非常多的东夷文化器物，据专家分析，这种现象绝不是少数东夷人的交流所能造成，而是大批东夷人的迁徙造成的，因此这很可能就是以舜为首的有虞氏部落由东向西迁徙在这一带活动的证明。

舜娶了尧帝二女在妫汭住下来。一般人遇到这样的好事或者得意忘形，或者沾沾自喜，至少是松一口气：这么多年吃苦受累终于得成正果，好好享受下吧。然而舜却没有，他反而比以前还要更加严格要求自己了。这就是舜，他的内心美好而强大，不惧怕黑暗和风雨；他的品质来自于自觉和坚持，绝不会动摇和迷惑。他的言行影响着身边的每一个人，尧的两个女儿不敢因为自己身份高贵而看不起舜的家人，言行举止都谨守妇道。当然，从另一个方面讲，尧的这两个女儿也一定有着良好的品德修养。受到舜的影响，尧派去观察舜的九个男性族人也相处得很好。

**舜耕历山，历山之人皆让畔；渔雷泽，雷泽上人皆让居；陶河滨，河滨器皆不苦窳。一年而所居成聚，二年成邑，三年成都。**

我们在同一篇文章相隔不远又再次看到了舜耕历山。刚开始读到《史记·五帝本纪》这一段的时候，我的第一感觉是司马先生又糊涂了，又重复记述了。这种颠覆司马先生在我心目中伟大形象的痛苦折磨逼迫着我认真思考这究竟是为什么，为什么会有两次舜耕历山，两次渔雷泽，两次陶河滨？后来查阅资料发现，原来自古以来这就是个折磨人的问题，清人梁玉绳说，种田、制陶、打鱼的事情是舜地位不高的时候干的，在尧把两个女儿嫁给他之前，前文已经说过了。而历山农人让畔、雷泽渔人让居成聚、成邑的事情，应该并入上文，怎么在舜娶妻后又出现了？他严重怀疑这段记载出现错乱了。他提出：“舜耕历山”到“皆不苦窳”三十一个字，应该放到“舜冀州人也”下面。把上文中的

“舜耕历山渔雷泽陶河滨”十个字去掉，再把“一年成都”等十五个字挪到“就时于负夏”后面。

我决定按照他的说法把这两段文字重新排列了一下，为了方便对照排列前后的变化，先把《史记》中的这两段原文抄上（下划线就是重复部分）：

舜，冀州之人也。<u>舜耕历山，渔雷泽，陶河滨，</u>作什器于寿丘，就时于负夏。舜父瞽叟顽，母嚚（yín），弟象傲，皆欲杀舜。舜顺适不失子道，兄弟孝慈。欲杀，不可得；即求，尝在侧。

舜年二十以孝闻。三十而帝尧问可用者，四岳咸荐虞舜，曰可。于是尧乃以二女妻舜以观其内，使九男与处以观其外。舜居妫汭，内行弥谨。尧二女不敢以贵骄事舜亲戚，甚有妇道。尧九男皆益笃。<u>舜耕历山，历山之人皆让畔；渔雷泽，雷泽上人皆让居；陶河滨，河滨器皆不苦窳。一年而所居成聚，二年成邑，三年成都。</u>

调整之后的两段文字如下：

舜，冀州之人也。舜耕历山，历山之人皆让畔；渔雷泽，雷泽上人皆让居；陶河滨，河滨器皆不苦窳。作什器于寿丘，就时于负夏。一年而所居成聚，二年成邑，三年成都。舜父瞽叟顽，母嚚（yín），弟象傲，皆欲杀舜。舜顺适不失子道，兄弟孝慈。欲杀，不可得；即求，尝在侧。

舜年二十以孝闻。三十而帝尧问可用者，四岳咸荐虞舜，曰可。于是尧乃以二女妻舜以观其内，使九男与处以观其外。舜居妫汭，内行弥谨。尧二女不敢以贵骄事舜亲戚，甚有妇道。尧九男皆益笃。

果然通顺了！但是这个方案美中不足的是需要删掉原文中“舜耕历山，渔雷泽，陶河滨”这十个字。

比梁玉绳再晚些的清人崔适对这个问题也给出了一个调整方案。他认为“舜耕历山”到“三年成都”都是四岳推荐舜的话语，应该放到“四岳咸荐虞舜曰可”后面。我们按他说的调整以后的文字如下：

> 舜，冀州之人也。舜耕历山，渔雷泽，陶河滨，作什器于寿丘，就时于负夏。舜父瞽叟顽，母嚚（yín），弟象傲，皆欲杀舜。舜顺适不失子道，兄弟孝慈。欲杀，不可得；即求，尝在侧。
>
> 舜年二十以孝闻。三十而帝尧问可用者，四岳咸荐虞舜，曰可。舜耕历山，历山之人皆让畔；渔雷泽，雷泽上人皆让居；陶河滨，河滨器皆不苦窳。一年而所居成聚，二年成邑，三年成都。于是尧乃以二女妻舜以观其内，使九男与处以观其外。舜居妫汭，内行弥谨。尧二女不敢以贵骄事舜亲戚，甚有妇道。尧九男皆益笃。

这个方案也很通顺，而且不需要删减原文文字。泷川资言在他的《史记会注考证》中比较了这两种方案之后认为：崔适的方案是最好的。

如果梁玉绳和崔适所言这两段文字确实出现了错乱，就和安作璋先生让我在前言中所解释的对起来了：司马迁的外孙杨恽遇难后家产抄没充公，竹简本《史记》在这场劫难中由于保管不善散乱，出现断简、错简，刘氏父子整理时没能理顺造成了错乱。

但在这里，我还是先按照原文翻译过来。

舜耕历山，历山的农人都相互谦让田间的地界；在雷泽捕鱼，雷泽的渔夫都相互谦让更好的居所；在河滨制陶，河滨的陶器都不再粗制滥造。由于大家都愿意跟随依附他，他所居住的地方一年就形成了村落，二年就成了城邑，三年就成为都市。

这段记载非常生动地反映了尧舜时期道德是非常重要的社会规范。在舜耕历山之前，历山的农人常常为了田界划分或者田间隙地发生争执，舜来了以后，农人们转变了，不再因此争吵反而开始互相谦让。在舜渔雷泽之前，雷泽的渔民们争什么呢？雷泽就是个大沼泽，渔业资源丰富，然而在这样的地方生活最难得的就是水中高地上的住房，所以渔民们都为此互相争抢，舜来了以后，渔民们转变了，开始互相谦让好的住所。为什么舜来了，这些问题就迎刃而解了？

道德，这就是道德的力量。

从道德层面上讲，首先是舜的个人道德品质高尚，树立了光辉的道德榜样；其次他又善于用乐于助人、谦恭礼让、和睦邻里的社会道德来教化众人。因此这些在别人眼中看起来很难解决的纷争，舜都给解决了。

陶于河滨这个故事反映了舜勤于职业、精益求精、诚实守信的职业道德。河滨原来的制陶工匠为什么做不出精美结实的陶器？主要原因表面看是技术不过关，而究其根本是不能勤于职业、精益求精。舜仍然是依靠个人道德榜样的力量，身体力行，用职业道德来教化众人，从而使河滨工匠生产的陶器变得精美耐用。

这段记载还反映了更深层次的东西：以道德力量产生巨大的政治影响力，利用政治的影响力使权力得以集中，是中华文明形成过程中的一大特色。纵观悠悠中华的历史长河，像舜这样的例子可谓不胜枚举。这就是中华文明的特点和基因，道德是我中华文明巍然屹立的存身之本，道德是我中华文明世代传承的不朽基石。

为了更好地理解舜的这些经历，我们下面简单介绍下龙山文化时代的社会经济状况。舜所处龙山文化晚期的社会经济部门主要有：农业、渔猎和畜牧业、手工业、纺织业、建筑业等。

农业是当时整个社会的支柱产业。古老的中华文明是典型的农业文明。农业离不开农田，当时的农田是怎么分配的呢？尧舜时期应该还保留着原始社会的农田分配制度。这种分配制度今天已无史料查考，不过臧振先生在《白家甲的家族公社》一文中，对家族公社的土地分配形式进行了探讨，倒是值得参考一下。

白家甲是陕北佳县南区的一个村，以土著白姓为主，其余外姓都是迁徙而来。1947年土改前，白家甲的土地属于公有，按祖宗家法，能租能典不能卖。每年夏历十月初十“办户事”（各家各户刚好收完庄稼）。当年年满60虚岁的老人将土地交公，称为“撂地”。“办户事”者即“村头”把老人所撂之地和去年没分下去的地分成若干份，由当年年满14虚岁的男子抓阄领取，称为“丁地”，这份丁地可以耕种20年。村头所分份数总是多于抓阄人数，剩下没分出去的到第二年二月二再次抓阄，抓到的可以种一年，种得的粮食要拿出一部分交公，称“打租子”，打租子得来的粮食或者钱财用于全村的公共活动，比如唱戏、祈雨。每过20年，全村所分之地要统统收回来，打乱了重新分。

白家甲的土地公有制和分配肯定不同于尧舜时期，但对我们思考那个时期的土地分配制度可以起到一定的启发，在这里简单一提，借以开阔一下思路。

尧舜时期的农业已有了五谷，五谷通常指稻、黍、稷、麦、菽。稻就是水稻，当时主要在长江流域及广大的南方地区种植，是这些地区人们的主要食粮，当然黄河流域也有种植；黍，就是黄米，可以酿酒、做糕，不过由于不好消化，今天已经不当主粮了；稷，又称粟，就是小米，这个是当时黄河流域的主要粮食；麦就是小麦，小麦原产于西亚，至迟在龙山文化时期流传入中国；菽，就是豆子。五谷还有一种说法，其中把麻列为五谷之一，麻在那个时期的应用非常广泛，它的皮可以制作各种绳索和麻衣，去皮后的杆可以当柴烧。

尧舜时期的农业生产工具以石器为主。除了耒（lěi）、耜（sì），还有石刀、石镰、石铲、石锛等工具。耒，有曲柄、直柄之分，柄端绑有宽面铲，便于掘起大块土壤，铲端分为两齿，便于入土。这种工具的变身又叫臿（chā），我们看东汉画像石上的大禹治水图，大禹手中握的就是这种工具；耜，和耒相似，只是铲端不分齿。由于南北方土地性质不同，北方土地以致密的黄土为主，故农耕工具以耜耕为主，并发展出了更高级的耦耕法；南方土地泥泞且草根多，因此除了耒耜，又发展出了犁耕法。犁耕法在距今五千年左右就已经出现了，考古工作者在早于龙山文化的良渚文化中发现了不少木石结合的犁具。

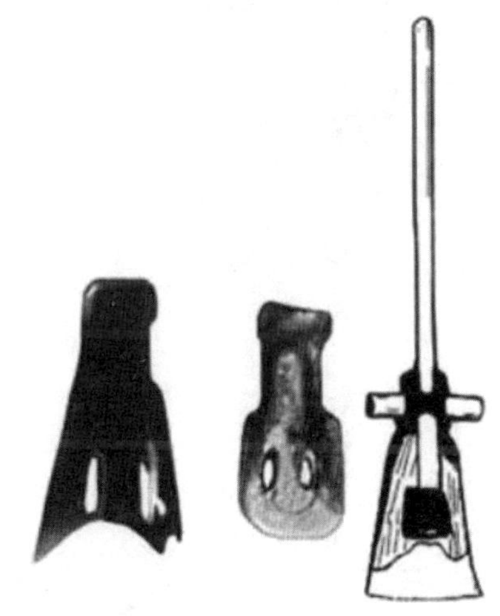

耒耜

手中持臿的大禹图像

良渚文化出土的分体石犁

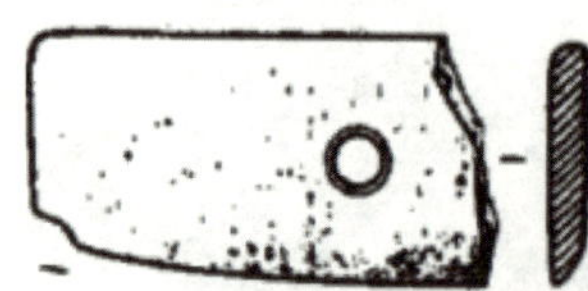

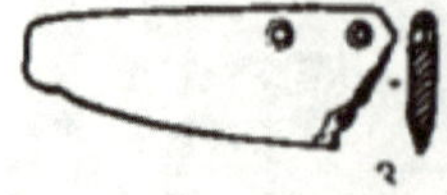

沈阳新乐遗址出土的穿孔石刀图例

渔猎和畜牧业占有相对重要的地位，渔猎是和采集同样古老的人类谋生手段，远远早于原始农业，是人们生活的主要食物来源之一。后来，随着原始农业的发展，渔猎的捕获不再是人们生活的主要食物来源，但仍然是人们生活的肉类食物主要来源。等到畜牧业发展起来后，渔猎的这一功能也退居其次。畜牧业在龙山文化时代晚期已经有了长足发展，成为人们生活的肉类食物主要来源。当时主要的六畜都有了：牛羊鸡犬猪，其中以鸡、犬、猪、羊的饲养为主，牛的数量相对要少。

手工业蓬勃兴起，其中最为发达的就是制陶业，中国制陶业在龙山文化时期达到了顶峰，这个时期的陶制品种类繁多、制作精美、质量优异。龙山文化的陶器以黑陶为主，其次为灰陶，还有少量红陶和白陶。

陶器作为中国古代的一种生活用品，至少有上万年的历史，通常是由黏土烧制而成，制陶成型的主要方式有泥条盘筑和轮治法。龙山文化的陶器已经普遍使用轮治成型了，有了陶车、陶拍、削刀等制陶专用工具。陶坯制成后放入陶窑烧制，根据坯泥、羼（chàn）和料和烧制温度的不同，会呈现不同的颜色。通常陶器的烧制温度在800到1100度左右，其中白陶的烧制温度最高。龙山文化的陶器大体可以分为五类，一类是打水的汲器，有瓶、壶、罐等；一类是做饭用的炊器，有鼎、鬲（lì）、甗（yǎn）、釜、甑（zèng）、灶等；一类是吃饭用的食器，有碗、钵、豆、簋（guǐ）、盘等；一类是喝水饮酒用的饮器，有斝（jiǎ）、鬶（guī）、盉（hé）、爵、角、觚、杯等；一类是盛贮器，有壶、罐、瓮、瓶、罍（léi）、尊、盆、缸等。除了这些，还有陶环、陶球、陶网坠、陶轮、陶拍、陶人面、陶制动物、陶响器、陶鼓等五花八门的用具。

龙山文化陶器的代表作莫过于蛋壳黑陶了，这是我国古代制陶艺术的巅峰之作。20世纪90年代，中美两国考古专家曾运用高科技手段对日照两城镇蛋壳黑陶的制作工艺进行了实践，最后也没有弄清楚4000多年

龙山文化陶鬲

龙山文化陶甗

前的中国古人在制作蛋壳黑陶时使用了什么样的工艺。我们今天发现的典型的蛋壳黑陶杯最薄部位在0.5毫米左右，有的甚至达到0.2毫米，柄部和底座陶胎也不超过1-2毫米。有“薄如纸，硬如瓷，明如镜，黑如漆”之美誉，在科技发达的今天仍然无法完全仿制4000多年前的这种蛋壳黑陶。专家分析这种陶器成品率低，非常珍贵，考古发掘中都是出土于墓葬，没有在生活遗址中发现过，因此推测并非实用器，而是礼器，并在主人死后随葬到地下。

龙山文化蛋壳黑陶

蛋壳黑陶的发现还有一个重大的意义。20世纪20年代瑞典考古学家安特生在河南渑（miǎn）池县发现仰韶文化遗址，他认为遗址中彩陶的纹饰与西亚彩陶相像，从而提出了“中华文化西来说”。但济南龙山城子崖出土的黑陶的出土打破了“中华文化西来说”，因为截至今天，世界其他地区的考古发掘均没有出土这类陶器，有力地证明了中华文化是土生土长的。

除了制陶业，石器制造、玉器制造都很发达。石器除了制作农业生产工具，还有其他的一些生产工具，如：石斧、石钺、石磨盘等。这个时期的石器也已经进入巅峰时期，所生产的石器都经过精心地磨制加工，耐用度非常高，尽管中国古代社会在商朝进入了青铜器的巅峰时期，但石器工具的使用一直沿用到战国时期铁质工具的出现才逐渐退出历史舞台。

说到玉器，这是中华文明的独特文化。中华民族是世界上最早用玉且形成了系统文化的民族，根据考古发掘，中华先民在大约8000年前就开始用玉了，这种玉文化一直传承到今天，仍然兴盛不衰。玉的本质就是一种特殊的石头，它们十分坚硬且具有极强的韧性，由于产地和产量都有限，加之“温润而泽”的特质，从而受到中华先民们的格外推崇。《说文解字》对玉的解释就是“石之美者也”。玉器的最初功能是用于装饰，后来发生了转变。中华先民用玉制作出圭、璧、琮、璋、璜来祭祀、沟通天地、供鬼神享用，用玉制作出串饰、佩饰、手镯、玦等佩戴在身上用于抵御不祥，不少专家主张，中国历史上存在一个“玉器时代”。瑞典科学家安特生曾说过：“对玉器的挚爱，在本质上，已形成一条衔接中国史前与王制时代的纽带，而将中国人与其他人种区别开来。”

中国玉文化的地域，“学术界基本上主张三大地域说：一是华北、辽宁与山东半岛，一是华东、安徽和长江三角洲地区，一是西北部川陕、甘肃到蒙古地区。这三个地区在传说史料中分别属于东夷、苗蛮和华夏集团的活动范围，正好是《尚书》中所讲的夷玉、越玉、大玉三大地域。三大地域时空相连，玉器有不同的风格，同时又相互渗透和影响。中国的玉文化就来源于这三个源头。夷玉：红山文化玉器是从查海—兴隆洼文化玉器发展而来，其南支在山东半岛，发展至大汶口文化，直到龙山文化。越玉：源于马家浜文化、崧泽文化，最后到新石器时代中后期形成发达的良渚文化玉器。大玉：源于西北，有其独特的传统，从马家窑文化、齐家文化到陕西石峁、山西陶寺下限直接夏王朝。”①

由此可见，玉器文化发展到龙山文化时期，已历经了约4000年的发展，玉器种类繁多且制作精美、巧夺天工，已经基本具备了后世几乎所有玉器的类型，玉钺、玉琮、玉璇玑、玉璧、玉环、玉璜、玉璋、玉刀、玉玦（jué）等等。这一时期的玉器主要功能是宗教用途，用于礼神娱神，或与神灵进行交流，再就是用于制作象征王权的玉钺等礼器，即便那些看起来完全是用于装饰的玉器，也无不隐藏着来自神权或王权的气息。

玉璇玑

① 蒿峰：《听它们讲——古代玉器与中华文明》，山东：山东科学技术出版社，2017年版，第3～4页。

纺织业日益成为一个重要的社会生产部门。考古资料显示，龙山文化已经有了陶纺轮，人们可以制作出麻布、葛布的布料和衣服，衣服的缝制有制作精巧的骨针、麻线，纺织而成的布匹也有了专用的卷布棍。这个时期，除了日常所需的布料生产，还有了专门用于贵族间交换或祭祀用品的丝绸及帛等丝织品。这里多说几句，2013年山东省大舜文化研究会参加中国第十届艺术节，举办“大哉虞舜”书画展时，找了不少名家作画，不少画家的第一反应就是：4000多年前的古人都穿着树叶，这不好画啊！2015年7月《大舜》电视剧播出后，还有不少人问这个问题：那时候有布了么？不都是穿兽皮和树叶么？其实，尧舜时期不仅仅是有布了，质量还很不错，据说那时候的麻布质量相当于今天我们的老粗布水平。至于丝绸，考古工作者在距今6000多年前的浙江余姚河姆渡遗址中发现了雕有蚕形虫图案的象牙盖帽型器；在距今4700多年前的浙江吴兴钱山漾遗址中发现了丝织物残片，丝线是由十多根家蚕单丝捻

河姆渡遗址蚕纹象牙盖帽型器

成。不过在龙山文化时期，丝绸的主要作用不是用于制作衣服和其他日用品，而是用于祭祀和交换。

建筑业蓬勃兴起。城市的出现极大地推动了建筑业的发展，高大的城墙，宏伟的宫殿，整齐划一的住房，各种新式建筑构件的发明和使用无一不展示着古人的勤劳和智慧。龙山文化晚期，社会的发展不可避免地带来邦国和部落之间的相互战争和吞并，修筑城墙成了邦国抵御外敌的重要举措。同时为了维持内部的统治需要，大型宫殿建筑也越来越多、越来越宏伟。这个时期的城墙和宫殿基址使用夯筑法，修筑城墙时先挖出几米深的倒梯形基槽，然后一层层夯土。房屋都是土木结构，木制构架搭建起来后，地面铺上草拌泥压实和用火焙烧，然后涂一层白灰。墙面将木柱用草拌泥泥住抹平，再用白灰刷出墙裙，非常美观大方。陶寺遗址出土了世界上最早的板瓦，这种板瓦是平直的，和后世弯曲的板瓦不同，板瓦角上有孔，相互之间可以连缀起来；平粮台遗址出土了陶制下水管道；王城岗遗址出土了陶制输水管。这些古老的新式建筑构件的出土大大改变了我们对那个时期文明程度的认知。

冶铜业已经出现。考古发掘显示，多地龙山文化遗址发现有铜器

平粮台遗址陶下水管

制品，特点是红铜和青铜并存，种类少，均为日常工具和生活类小型用品。甘肃东乡林家遗址，出土一件范铸的青铜刀；河北唐山大城山遗址发现两件带孔红铜牌饰；河南登封王城岗遗址出土一件含锡7%的青铜容器残片；山西陶寺墓地内出土一件红铜铜铃；山东胶县三里河遗址出土两件黄铜锥；山东栖霞杨家圈遗址出土黄铜残片。发现铜质制品数量最多的是甘肃、青海、宁夏一带的齐家文化，有好几处墓地出土刀、锥、钻、环和铜镜，制作技术有锻打也有范铸，相对其他地区比较先进。

这些考古资料让我们更清晰地勾勒出中华文明起源之初的社会背景，舜就是成长于这样一个风起云涌的时代，他不平凡的经历也注定他要成为这个时代的英雄。作为中华民族的道德始祖，他完美地诠释了以“孝”为核心的家庭伦理道德和“仁”为核心的社会伦理道德。拥护他的民众自发地追随他，在他居住的地方，一年就成了一个稳定的聚落，再过一年这个聚落就会发展成为城邑，第三年城邑就发展成了都城。

如此优异的表现，尧看在眼里，喜在心里，这个接班人靠谱，接下

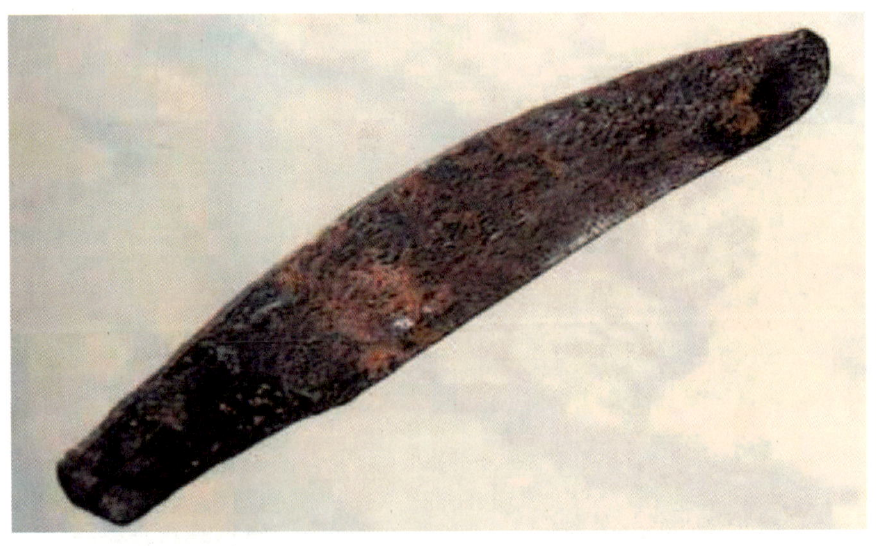

甘肃东乡林家遗址出土的范铸青铜刀，号称“中华第一刀”

来怎么办呢?

**尧乃赐舜絺（chī）衣，与琴，为筑仓廪，予牛羊。**

嗯，小伙子干得不错，来，给你赏赐。尧赐给舜细葛布做的衣服、琴，还让人给舜修了仓廪，给了他不少牛、羊。这小日子，娇妻在侧，民众拥戴，丰衣足食，有吃有喝，可以好好享受了，尧这是要让舜安心居家过日子啊！丝毫没提啥从政、接班的事。实际上，尧对舜的接班比任何人都要心急，但他却表现的比任何人都不着急，有条不紊地按照既定的方案一步步走来。这就是尧的政治智慧，他深知培养一个合格接班人的艰难和不易，他不想因为太过着急而拔苗助长。

但是他不着急，有人着急了。

谁？瞽叟。

# 第四章 绝境逃生

原本平静的生活被打破了，从被天上掉馅饼砸中的幸福中回过神来的瞽叟突然又想要杀掉舜，而且这一次有一个人比瞽叟还要着急，谁呢？舜的同父异母弟——象。

看到舜突然拥有了如此巨大的财富，瞽叟眼红了，象比他还眼红，如果杀掉舜，就可以继承这笔巨大的财富了，还有两个美貌的嫂嫂，这账算的，没毛病！

怎么动手呢？现在的舜可不是一般人了，那可是尧的爱婿，直接动手罪责难逃，怎么办？

设计个意外事故吧。

> 瞽叟尚复欲杀之，使舜上涂廪，瞽叟从下纵火焚廪。舜乃以两笠自扞（hàn）而下，去，得不死。

瞽叟让舜修谷仓，等舜到了谷仓顶，他从下面放起火来。情急之下，舜一手拿一个斗笠从谷仓上跳下来，没被烧死。尽管我们今天怀疑这个故事的真实性，但至少说明最晚从司马迁开始中国人就知道用斗笠可以减缓坠落速度，这也算是人类史上最早的降落伞了吧。这个故事司马迁还是用了史学家的态度来客观描写的，传说版本就明显带着神话色彩了。比较流行的说法是娥皇、女英意识到瞽叟要害舜，就给夫君做了一身凤衣穿在里面，谷仓火起，舜就脱掉外衣露出凤衣，化作一只凤凰飞下来了。

瞽叟失败了，但他没有善罢甘休。

> 后瞽叟又使舜穿井，舜穿井为匿空旁出。舜既入深，瞽叟与象共下土实井，舜从匿空出，去。

瞽叟又让舜打井，舜打井的时候在深处侧向横着打了个洞通向外面。等舜下到井深处时，瞽叟和象一起用土把井给填死了，注意，象也上阵了，估计是因为填土是个体力活，瞽叟一人干不来。这一招绝对够狠，可是他们万万想不到舜从横洞钻出去了。这个故事的传说版本还是娥皇、女英先知先觉到了瞽叟要害舜，于是给舜做了一身龙衣穿在里面，等瞽叟和象用土填井时，舜脱掉外衣化作一条龙从别的地方钻出来了。

有人听到这里可能会提出疑问，舜怎么会想到在井下打横洞？民间对此有解释，主要说法是舜在自家这里打井总不出水，就斜着打了横洞穿到邻居家的水井中，这样两口井连起来可以互相补充水源。唐朝诗人魏炎写的《舜井题诗》之一记载了济南舜井与东家之井相通的情形：

> 西家今为定戒寺，东家今为练戒寺。一边井中投一瓶，两井相摇响泙濞（pēng bì）。

由于舜井与“东家之井”互相联通，因此一边井中投一瓶，在两口井井水的相互激荡下，会发出“泙濞”的声响。对此有专家推测，当时可能存在“坎儿井”。说起“坎儿井”，很多人一下子就会想起新疆吐鲁番，其实“坎儿井”不是起源于西域，就是起源于中原一带。当时，这种形式不叫“坎儿井”，叫作“井渠”。《史记·河渠书》对此有专门记载：“发卒万余人穿渠，自征引洛水至商颜山下。岸善崩，乃凿井，深者四十馀丈。往往为井，井下相通行水。水颓以绝商颜，东至山岭十余里间。井渠之生自此始。” 王国维《西域井渠考》：“ 西域本无此法，及汉通西域，以塞外乏水，且沙土善崩，故以井渠法施之塞下。”但是尧舜那个时期有没有“井渠”，目前还没有考古发现，所以只能做个猜测了。

不过我是不赞同这个说法的。为什么呢？大家有没有注意到，这两个故事怎么看怎么都感觉舜是早有防备。想想看，舜从少年时期就和瞽叟斗智斗勇，对瞽叟怎么可能没有一点防备？因此在瞽叟让他修仓廪、浚水井时早就做好了准备，上谷仓戴两个斗笠，挖水井打横洞都是提前准备好的。在“有备而来”这点上，“穿凤衣、着龙袍”的民间传说反倒更贴合实际。

好了，说到这里我们再琢磨下瞽叟这个名字。瞽叟真是个瞎眼老头么？一个瞎子怎么放火？怎么挖土填井？我们一定遇到了一个假瞎子。前文讲到瞽叟名字时，有一种说法说瞽叟不是瞎眼老头，是因为他有眼不分辨善恶是非所以讽刺他眼瞎。由此看来这个说法还是有道理的。

不过填井这一回，舜从别的水井里钻出来应该是花了点时间，没能立刻现身。所以——

> 瞽叟、象喜，以舜为已死。

瞽叟和象很高兴，以为舜死了。

> 象曰：“本谋者象。”象与其父母分，于是曰：“舜妻尧二女，与琴，象取之。牛羊仓廪予父母。”象乃止舜宫居，鼓其琴。

象说：“出主意的是象。”象和父母分舜的财产，说：“两个嫂子，琴，都给象。牛羊和仓廪都给父母。”象于是就到舜的屋子里，弹舜的琴。

这个弟弟也是坏得够可以了，谋害哥哥，居然还要表功。象亮明主谋的身份是要取得对舜的财产的分配权。如何分呢？他要两个嫂子，要舜的琴，实际上也就要了舜的住宅。牛羊和仓廪都给父母。分完了居然像没事人一样，直接跑到舜的屋子里弹起琴来，然而他只是高兴了一小会儿。

舜推门回来了。

> 舜往见之。象鄂不怿，曰："我思舜正郁陶！"舜曰："然，尔其庶矣！"舜复事瞽叟爱弟弥谨。

舜回到自己屋子，象正在那弹琴呢。象非常惊愕而且非常不开心，说："我想念你（舜）正想得厉害啊！"舜说："这样的话，你就很好了啊！"舜服侍瞽叟友爱弟弟，更加仔细小心。

舜出现在面前完全出乎象的意料。他看到明明被埋在井下的舜推门而入，也是被吓坏了，仓皇间用谎话掩饰自己的惊慌。而看到眼前的一切，舜比谁都清楚究竟发生了什么，却没有拆穿弟弟的谎话，反而对他的掩饰之辞加以称赞，过后就当没发生这事一样，继续尽心尽力地孝敬瞽叟，友爱弟弟。正是这样包容的胸怀，才始终牢牢维护着这个纷争不断的家庭。而这种胸怀，用于执政就变成了"仁"的概念，足以包容天下。

自此，瞽叟和象彻底断了谋害舜的念头，而尧终于决定正式启用舜。

# 第五章　虞舜王朝的建立

于是尧乃试舜五典百官，皆治。

于是尧让舜去推行五典，担任各种官职，都能做得很好。这些事情前面已经详细讲过了，因此司马迁在此一笔略过。舜从政做得很好，赢得了朝中官员的认可，从而成为他的有力支持者。至此，舜有了至孝的名声，有了尧的认可，有了民众的拥戴，有了朝中官员的支持，根基扎得非常牢固了。尧在培养接班人这件事情上如此精心，因为他知道舜将要面临一个什么样的局面，将要面临一场什么样的斗争，那是连他都难以收拾的局面，连他都必须全力以赴地斗争。

舜也开始培养一支完全属于自己的力量，这将是一支能在接下来的岁月里帮助他治理天下的中坚力量。

昔高阳氏有才子八人，世得其利，谓之“八恺”。高辛氏有才子八人，世谓之“八元”。此十六族者，世济其美，不陨其名。至于尧，尧未能举。

高阳氏有才子八人，世人都得到过他们的好处，称之为“八恺”。高辛氏有才子八人，世人称之为“八元”。这十六个家族，世代都能继承前人的美德和善行，不曾毁坏他们的名誉。到了尧的时候，尧没有举用他们。高阳氏就是颛顼，高辛氏就是帝喾，他们的后代中这十六个人都因为行善积德，被世人称“八恺八元”。这十六个人形成的十六个家族世代相传，一直都很有德行，受到民众的爱戴。但很可惜的是这么有德行有能力的贵族，却没有得到尧的举用。不过不要紧，是金子总会发光的，当舜一步步壮大起来，这十六个家族的后代终于有用武之地了。

舜举八恺，使主后土，以揆（kuí）百事，莫不时序。举八元，使布五教于四方，父义，母慈，兄友，弟恭，子孝，内平外成。

舜举用八恺的后人，让他们管理土地，揆度各种农事，都能够做到符合节气；举用八元的后代，让他们推行五教，父义、母慈、兄友、弟恭、子孝，家庭融洽，社会祥和。舜摄政天下，在举用朝臣这样重要的事情上肯定会征求尧的意见，因此这八恺八元的举用应该是得到了尧的同意。尧代表着旧有政治力量中以天下为公的一面，舜则代表着一支全新的政治力量，两位同样有着宽广胸怀、远大抱负和高超智慧的政治家强强联手，终于并肩走到了历史舞台的中央。

现在终于一切准备就绪，该摊牌了。那些盘根错节的反对势力，终于到了和你们对决的时刻了。

昔帝鸿氏有不才子，掩义隐贼，好行凶慝（tè），天下谓之浑沌。少暤氏有不才子，毁信恶忠，崇饰恶言，天下谓之穷奇。颛顼氏有不才子，不可教训，不知话言，天下谓之梼杌（táo wù）。此三族世忧之。至于尧，尧未能去。缙云氏有不才子，贪于饮食，冒于货贿，天下谓之饕餮。天下恶之，比之三凶。舜宾于四门，乃流四凶族，迁于四裔，以御螭（chī）魅，于是四门辟，言毋凶人也。

过去帝鸿氏（黄帝）有个不成才的儿子，掩盖他人的善行隐瞒自己的罪恶，好做坏事，凶，恶的意思。慝，邪恶。天下人叫他浑沌；少昊氏（金天氏）有个不成才的儿子，毁坏诚信厌恶忠直，粉饰邪恶的言论，天下人叫他穷奇；颛顼氏有个不成才的儿子，不接受教训，不知道好话，天下人叫他梼杌。这三个家族一直是人们的忧患。到了尧的时候，没能把他们驱逐。缙云氏[①]有个不成才的儿子，爱吃喝，爱敛财，天下人叫他饕餮。大家讨厌他，把他和浑沌、穷奇、梼杌三个恶徒相提并论。舜在四门接待宾客，把这四族赶到四方最偏远的地方，去抵御人面兽身的妖怪。于是四门大开，大家都说没有恶人了。

这一段非常有意思，为什么这样说？

在解开这个疑问之前，我们先看看《史记》中的四凶版本。司马迁在前面写了四个恶人，共工、讙兜、鲧和三苗，他没有称其为四凶，只是称作“四罪”，关于这四位没有太多好说的，史书记载大体相同，司马迁写这段的笔法也非常客观。随后司马迁又写了“四凶族”，浑沌、穷奇、梼杌、饕餮，这四位说法可就多了，《神异经》《庄子》《山海经》中对他们都有非常神异的记载。司马迁在写这段时笔法同样带着神异，“以御魑魅”，去抵御人面兽身的妖怪，这哪里是写历史，这根本就是写神话么。

关于这两段记述，不少学者认为浑沌就是指讙兜，穷奇是指共工，梼杌是指鲧，饕餮是指三苗，这前后两段讲的都是舜流放四凶的故事。但是作为一名惜墨如金的史学家，司马迁怎么会如此耗费笔墨重复来写一件事情呢？我们看前面，他在记述尧时详细地写了尧试用舜任职百官的经过，所以到了记述舜时，他对这段经历就用了一句话带过。但为什么对驱逐四凶这件事情，他会反复详细写两遍？而且两段的手法又如此迥异？

① 姜姓，炎帝之后，在黄帝手下任过“缙云”这个官职。

问题出在了哪里?

我认为这可能源于司马迁写《史记》取材角度不同造成的。虽然司马迁尽量比较客观地来写，但是在他不可避免地要面对史籍中的神话，而且这些神话传说中往往包含着合理的历史内核，他在取舍这些资料时很可能采用了不想舍弃的不同素材。事实上，从今天的研究观点来看，这些素材的保留确实对于我们研究古代历史、民俗都有着不可估量的重要价值。关于四凶的记载大概就是这种情况，司马迁对四凶从历史和神话传说两个角度的描写极大丰富了这段故事的内涵和外延。

如前所述，这场斗争并非像司马迁写得这样简单，而是经历了一番惊心动魄的生死搏杀。尧、舜联手取得了胜利。

说到这里，我们也要对“四罪”“四凶”加一段解说。尧舜时期是中华文明史上的英雄时代，所谓的“四罪”“四凶”都是当时各邦国部落的首领，他们带领着自己的族人披荆斩棘、艰苦奋斗，迈向文明之路。尽管在之后的时代大融合中他们因为与尧舜的对抗而被后世史学家定为“四罪”“四凶”，但在他们自己的邦国、部落，他们仍然是被当作英雄来对待，当作神灵来崇拜。这种情况特别体现在中国早期的神话传说中，在这些神话传说中，我们会看到对同样一个历史传说人物褒贬不一的记载，比如鲧。那么今天我们怎样来看待呢?我们应该承认这些人也是那个时代的英雄，他们之所以成了失败者，除了机遇和运气，还取决于他们都有着自己无法克服的缺点。

**舜入于大麓，烈风雷雨不迷，尧乃知舜之足授天下。**

麓，有两个意思，一是山脚，一是指管理苑囿的官。在这里取第一个意思。大麓，指的是很大的一片山林，在舜那个时期就是原始森林了。舜进入原始森林，遇到烈风雷雨却不迷失方向，能够安全地走出来。烈风，猛烈的暴风，雷雨，闪电雷鸣并作的暴雨。直到近代，原始森林在人们心中都是具有神性的地方，其中不仅仅有迷路被困死、被毒蛇猛兽吞噬、被雾瘴毒气熏死等等危险，还有诸多人们无法预料的可怕的凶鬼恶灵，再加上极端恶劣的天气，这就构成了一个险地、禁地或者说死地，人一旦进入九死一生。舜通过了这个考验，尧认定可以把天下托付给舜了。

> 尧老，使舜摄行天子政，巡狩。舜得举用事二十年，而尧使摄政。摄政八年而尧崩。三年丧毕，让丹朱，天下归舜。

尧告老禅位，让舜摄政天下，行巡狩之事。舜被举用二十年，尧让他摄政，舜摄政八年后尧去世。舜为尧守丧三年，把天子之位避让给丹朱，但天下人都归顺舜。舜于是正式继承了天子之位。

# 第六章 舜和他的大臣们

作为中国历史上第一个“王朝”，虞朝一定有着其非凡之处，尤其是虞朝的大臣，个个都是不同凡响，下面我们来讲讲他们的故事。

> 而禹、皋陶、契、后稷、伯夷、夔（kuí）、龙、倕、益、彭祖自尧时而皆举用，未有分职。

禹、皋陶、契、后稷、伯夷、夔、龙、倕、益、彭祖这些人在尧的时候被举用，却没有分配职务。

我们提前看下这些大臣们在舜执政后的分工简介。

禹，被任命主管治水，成为舜的接班人，一手开创了夏王朝。

皋陶，被任命执掌虞朝司法，是中国法制的鼻祖。

契，被任命执掌教化，他的后代商汤打败禹的后代夏桀开创了商王朝。

后稷，名弃，被任命主管农业，他的后代周武王姬发灭掉了契的后代商纣王帝辛开创了周王朝。后稷并非他的名字，稷有两个含义和本文相关，一是古代主管农事的官名。二是指五谷之神。《礼法·祭法》记载，古代厉（烈）山氏的儿子叫（神）农，能够种植百谷，后来周人先祖弃继承这一事业，因此把他们作为“稷”神来祭祀。

伯夷，被任命执掌国家祭祀。他的后代有个叫姜尚的，人称姜太公，建立了春秋五霸之一的齐国。

夔，被任命主管音乐。

龙，被任命主管纳言，类似于信访和监察。

倕，被任命主管工匠。

伯益，被任命主管山川林泽。他的后代有个叫嬴政的，建立了一统天下的秦王朝。

这阵容堪称伟大，夏商周的三位先祖都在其列，春秋五霸、战国七雄之首的齐国祖先、一统天下的秦王朝老祖先也在列。然而彭祖还是轻松地盖过了他们的风头。

彭祖，陆终氏第三子，篯（jiān）铿之后，舜的十大臣之一。彭祖氏被封在大彭，后代以国为姓，经历了夏朝，一直到商朝武丁时被灭，历时八百多年。后人常把彭祖和黄帝时期的神医巫彭以及他的后代夏朝彭伯寿、商朝彭伯考和商朝贤大夫彭贤混为一谈，遂有了“彭祖寿八百”的说法。《列子·力命篇》说：“彭祖之智不出尧舜之上而寿八百”，由此彭祖成了寿星的代名词。据说彭祖氏擅长烹饪、食疗、养生之道，后人逐渐附会，历经几千年下来，彭祖被人们传为长寿始祖、气功祖师、烹饪鼻祖等。到了西汉，刘向编《列仙传》，把彭祖列入仙界，成了仙人。中国本土宗教道教也把彭祖作为先驱和奠基人之一。民间关于彭祖的传说更是数不胜数。古今中外，长生不老永远都是一个最热门的话题，上至帝王将相，下至黎民百姓，几乎都有一个这样的梦想。或许是彭祖占据了这样一个热点，自然声名大振，以至于很少有人提他在舜手下做大臣的事情了。

对这些大臣进行分工可是件非常重要的事情，舜当然非常慎重。

于是舜乃至于文祖，谋于四岳，辟四门，明通四方耳目，命十二牧论帝德，行厚德，远佞（nìng）人，则蛮夷率服。

于是舜来到文祖庙，与四方的邦国、部落首领共同谋划，敞开四门，畅通四方的见闻，命令十二牧评论尧帝的美德，施行厚德之政，远离邪佞之人，则边远的蛮夷之族都能顺服。十二州都设置了“牧”。尧执政时期的官员制度到了舜执政时期被进一步细化明确了，具体朝政由十位大臣主持，四方设十二牧，加起来就是后人常说的二十二位大臣。

我们来看，舜在分工前先把大家召集起来做了一次总动员。这次总动员有三个用意。第一，集思广益，共谋大业。广泛听取来自不同地方和不同层面的意见。第二，追思尧帝，传承美德。尧虽然去世了，但他仍然有着巨大的影响力。其中最重要的就是他天下为公、追求大同、执政为民的重要理念。舜不仅仅个人继承和践行这些理念，还把这些理念传承弘扬开来，动员大家一起为之而奋斗。第三，施行德政，柔远能迩。以德治国是舜理政的主要特色，这种德政的重要特点就是严格自身要求开始，推己及人。在执政中远离邪佞的人，不受他们的蛊惑。运用这种德政的力量，安抚、笼络、吸引远近所有有志之士来归附。

舜做完总动员，开始给大臣们安排具体的职务。

舜谓四岳曰：“有能奋庸美尧之事者，使居官相事？”皆曰：“伯禹为司空，可美帝功。”舜曰：“嗟，然！禹，汝平水土，维是勉哉。”禹拜稽（qǐ）首，让于稷、契与皋陶。舜曰：“然，往矣。”

舜对四岳说：“谁能够努力工作，光大尧帝的事业，让他辅佐朝政？”四岳都说：“伯禹做司空，可以光大尧帝的事业。”舜说：“啊，不错，禹，你来治理水土，可要尽忠职守。”禹跪拜叩头，把这个职务让给后稷、契和皋陶。舜说：“很好，你去吧。”

稽首，九拜中最为隆重的一种。稽，有停留、拖延的意思，稽首就是磕头时头触碰到地面后要停留一会儿，从而表达最高的敬意。

正式继位的舜没有丝毫骄傲，仍然想着如何光大尧的事业，这表现了他虚怀若谷的个性，也体现了他对权力的正确认识，权力不是用来谋私利的，而是为了天下苍生谋幸福的，因此他不会在意这天下究竟姓什么，而是一心把这事业发扬光大。在他的表率作用下，大臣们的表现也非常谦逊。四岳推荐禹任司空，他却让给别人。但知人善任的舜还是坚持了他的决定。

舜曰："弃，黎民始饥，汝后稷播时百谷。"

舜说："弃，黎民没有吃的，你任后稷，带领农民按照正确的时间来种植百谷。"弃是周人的祖先，他这个名字的来历在《史记·周本纪》中有详细记载。弃的母亲姜原是帝喾的妻子，在野外踩了巨人的脚印怀孕生了他，认为不祥，所以把他扔到窄巷子里，结果过路的牛马都躲开不踩他；后来又扔到树林中，不料林中有人，只好又换地方；扔到冰面上，群鸟飞来用翅膀覆盖着给他取暖。姜原感觉很神奇，就把他抱回来了，并因此起名叫"弃"。

时，就是按照正确的农时。中国古代历法的重要作用就是指导农事，历法、节气的推算日益精准，而其对天文天象观测的要求也越来越高，到后来已经不是普通人可以做到的了，因此专门设立了推算和调节历法的官员。节气的变化被古人视为天意的变化，因此历法也成为天命的象征，历法推算出现问题，常常会被认为是对上天不敬造成的灾难。

接下来是契。

舜曰："契，百姓不亲，五品不驯，汝为司徒，而敬敷五教，在宽。"

舜说："契，贵族之间不团结，五常做得不好，你担任司徒，恭敬地传播五教，要慢慢来。"

注意百姓和黎民的区别。对于黎民，可谓民以食为天，只要吃饱肚子就好。对于贵族阶层的百姓，光吃饱不行，重要的是精神追求。

契是帝喾第二个妃子简狄所生，这么说来，契和后稷是同父异母的兄弟。这兄弟二人，一个成了商人的祖先，一个成了周人的祖先。契的出生也非常神奇，《史记·殷本纪》记载契的母亲简狄在河边洗澡，看到有只玄鸟下蛋，她捡起蛋给吞了，结果就怀孕生了契。

这就有点意思了。

据史学家考证，此类传说是由于母系氏族社会期间，人们缺乏生育的生理知识造成的。那个时期人们只知其母不知其父，因此就出现了种种奇怪的怀孕说法。这种情况中外都一样，母亲生下孩子，又不知道这孩子的父亲是谁，于是就托神灵之名了。

由于老祖宗是玄鸟之子，因此商人以鸟为图腾。关于玄鸟，自古也有争论。一种解释是：玄，就是黑色，玄鸟就是黑色的鸟，什么鸟是黑色的鸟？应该是燕子。但为什么不是乌鸦呢？其实乌鸦也不差的，远古之人对乌鸦并无歧视，他们认为太阳就是三足乌鸦。但是后来乌鸦的名声越来越差，所以这玄鸟就解释成燕子了，这种说法比较流行。还有一种解释，玄是玄妙的意思，什么样的鸟能被称之为神妙？当然是神鸟了，比如凤凰。

接下来关于后稷和契，我们还有两个小问题。

先看第一个，“感应怀孕”和“吞卵受孕”这种传说是母系氏族特有的现象，但是中华文明自黄帝起就已经进入父系氏族社会了，又历经了颛顼的宗教改革，到了帝喾时期早已人人皆知其父了，怎么还会有这样的传说呢？我认为这要分两种情况来看，对于王族和贵族阶层来说，固然有知母不知父这种旧习俗的影响，但主要是出于对先祖进行神化（注意是神化不是神话）的需要，通过对先祖的神化抬高家族的地位，为维护统治提供“君权神授”的理论基础。而且在中国古代这种理论还特别管用，说出来以后大家伙一般还都不敢怀疑，只会更加敬畏。所以后世许多统治者都喜欢给自己祖先编一个神奇的身世，一直到民国这种理论仍然有广阔的市场空间。

而对于平民来说，是由于古老婚姻制度的遗存所致。上古之初的人们实行群婚制，由血族群婚逐渐过渡到对偶婚，但由此产生的野合杂交之风并没有消失，反而一直流传下来，古代重要的上巳节（三月第一个巳日，后改为三月三）其中有项重要内容就是祭高禖（méi）。高禖又称郊禖，是管理婚姻和生育之神。参加这项活动的男男女女在祭祀结束后会就近进行野合，《墨子·明鬼》篇就指明“燕之有祖泽，当齐之社稷，宋之桑林，楚之云梦也”，都是男女野合之地。其中一些由于丈夫原因没有生育的女人，在野合后往往怀孕得子，然而却不好说父亲是谁，只好假托神灵。当然普通平民不敢动用上帝和天神这样高等级的神灵。充其量是托山神、河神或其他鬼怪之名。再到后来就更文明一些，直接由送子娘娘来完成这个任务了。

第二个小问题。同样是受到神灵感动怀孕，为什么后稷会被母亲抛弃，契却没有呢？这是我当初看《史记》时百思不得其解的地方。有一天无意中在袁珂先生的《中国神话史》中找到了答案，顺藤摸瓜，发现古人早已对此有解释了。答案就在《诗经·生民》中，这一篇写了后稷出生的故事。其中有一句是：“诞弥厥月，先生如达。”翻译过来就是后稷是母亲怀胎满十月生的，刚生下来的时候如同小羊。

达，今天我们很少有人知道这个词还有“小羊”的意思了。小羊什么特征？小羊刚生下来的时候是带着胎衣的，猛一看就像团小肉球。因此这句话是说后稷刚出生的时候胞衣没破，如同一团肉球。这在古人眼中是不祥的象征，因此简狄才会忍心把他抛弃。我非常赞同袁珂先生的解释，后稷这种情况尽管不多见，但的确自古有之。晋朝人张华编写的《博物志》和宋人刘成国编写的《徐州地理志》等书就有关于西周时期“徐君宫人妊而生卵，以为不祥”的记载，这个所谓的卵生婴儿长大后成了徐国国君，人称徐偃王。这种情况近现代也有，范三畏先生说：“人确实偶有带胞生的，迷信的人们有时却以为是妖异，从而抛弃的也不是没有。”又说：“现实中带胞生的孩子确实常常被以为怪异，不敢哺养的并不罕见。看来，若如此理解后稷诞生后被弃，倒也合乎初民的心理。”

话题又跑远了，我们继续来看舜对大臣的任命。

> 舜曰：“皋陶，蛮夷猾夏，寇贼奸轨，汝作士，五刑有服，五服三就；五流有度，五度三居；维明能信。”

舜说：“皋陶，野蛮异族侵乱中国，内外都有作乱的寇贼，你来担任士，五刑要量刑适中，行刑要分送三处执行（大罪在原野执行，次罪在市场和朝廷执行，同族的由甸师处置）；五种流放刑罚要把握好尺度，按流放远近分为三等（大罪流放到四裔，次罪流放到九州之外，再次流放千里之外）；你只有公正明断才能使人信服。”

蛮夷，偏远的野蛮民族。猾，侵略扰乱。寇贼，这两个字都有作乱或者外来入侵的意思，成群结伙作乱的称为寇，杀人的称为贼。在国境内作乱的称为奸，在国境外作乱的称为轨。士，上古时期掌刑狱的官员。商周春秋之际仍属贵族阶级，多为卿大夫的家臣。战国时成为统治阶级中知识分子的统称。

关于皋陶，还有他用独角兽断案的传说。后人称这种独角兽为獬豸（xiè zhì），相传獬豸的样子像羊，头顶长着一只又尖又长的角，它很有灵性，能够分辨曲直黑白，遇到不好判断的案件时，皋陶就把它放出来，它就会用角去顶那个有罪的人。因此，獬豸就成了公平执法的象征，后世常常将其作为与司法相关事物的饰品。

那么这个传说是否可信呢？我们说，有獬豸这样的神兽恐怕是不可信的，但古人使用这样的方式来断案却是真实存在的。这个传说的实质就是古代的神判法。在古代，常常用这种神判法来解决不同氏族、部落间无法调解的政治纷争和法官无法裁断的疑案。在同一氏族、部落中人们发生了争执，可以通过氏族、部落的首领和长老来调解或断案。但不同的氏族、部落之间的人们发生争执，由哪一家的首领、长老说了算呢？如果谁也不服谁，那就只好交给双方共同信仰崇拜的图腾和神灵来断案，但是图腾和神灵是不会说话的，于是就有了种种神判法，除了皋陶的独角兽，西周时期的“盟诅”[①]，《史记》记载的“辕固生刺豕”[②]，《梦溪笔谈·权智》记载的“摸钟辨盗”[③]都是神判法的孑遗。

神判法建立在中国古代宗教神灵观的基础之上，中国古人相信上帝无时无刻不监视着人间，相信冥冥中总有鬼神监视着每个人的言行举止，所以有“人在做，天在看”“你知、我知、天知、地知”“举头三尺有神明”的种种说法。实际上神判法最大的作用不在于断案，而在于预防犯罪，它能够让人在实施犯罪行为前顾忌到神灵的威慑而停止犯罪。

好了，继续看舜给大臣们的分工。

**舜曰：“谁能驯予工？”皆曰垂可。于是以垂为共工。舜曰：**

---

①《周礼·秋官·司盟》：“有狱讼者，则使之盟诅。凡盟诅，各以其地域之众庶，共其牲而致焉。”

②《史记·儒林列传》：“窦太后好《老子》书，召辕固生问《老子》书。固曰：‘此是家人言耳。’太后怒曰：‘安得司空城旦书乎？’乃使固入圈刺豕。景帝知太后怒而固直言无罪，乃假固利兵，下圈刺豕，正中其心，一刺，豕应手而倒。太后默然，无以复罪，罢之。”

③《梦溪笔谈·权智》：陈述古密直，尝知建州浦城县。富民失物。捕得数人，莫知的为盗者。述古乃绐曰：“某寺有一钟，至灵，能辨盗。”使人迎置后阁祠之。引群囚立钟前，谕曰：“不为盗者摸之无声，为盗者摸则有声。”述古自率同职祷钟甚肃，祭讫以帷围之，乃阴使人以墨涂钟。良久，引囚逐一以手入帷摸之。出乃验其手，皆有墨，一囚独无墨，乃见真盗——恐钟有声，不敢摸者。讯之即服。

“谁能驯予上下草木鸟兽？”皆曰益可。于是以益为朕虞。益拜稽首，让于诸臣朱虎、熊罴（pí）。舜曰：“往矣，汝谐。”遂以朱虎、熊罴为佐。

舜说：“谁能管理百工？”都说垂可以。于是任命垂为共工。舜说：“谁能管理山泽草木鸟兽？”都说伯益可以。于是任命伯益担任虞。伯益跪地磕头，谦让给朱虎、熊罴。舜说：“去吧，你就很合适。”于是让朱虎、熊罴来辅佐他。

上下，上是指高地，下是指低下的湿地，上下就是指山地和沼泽。

舜任命垂任共工，这里共工就是个官职，如果垂的后代继续干下去，也都会被称作共工。注意这个共工和之前四凶中的共工有所不同，这个共工的主要职责是管理各种手工业者，和治水没有关系。虞的主要职责是管理林业、畜牧和渔猎。朱虎、熊罴的名字说明他们可能和狩猎以及驯养野兽有一定关系，虎与熊很可能和他们两族的图腾崇拜相关。据《尚书正义》，这两位都在八恺八元之中。

舜曰：“嗟！四岳，有能典朕三礼？”皆曰伯夷可。舜曰：“嗟！伯夷，以汝为秩宗，夙夜维敬，直哉维静絜（jié）。”

舜说：“啊，四岳，谁能主持三礼？”都说伯夷可以。舜说：“啊，伯夷，你来担任秩宗，希望你不分日夜都要恭恭敬敬，保持正直和清明。”

三礼是指天神、地祇、人鬼三种祭礼。由此我们可以大致看出尧舜时期宗教的基本内容。天神，主宰宇宙、命运、日月星辰、四时节气、风雨雷电霜雪等。天神人数众多，各司其职，其最高神被称作上帝，到周人时又被称作天。通过对天神的祭祀可以取得上帝的认可，保佑风调雨顺，没有灾祸；地祇，主宰社稷、万物生长、山川河流等，其人数也颇为壮观，但是普遍受到天神节制。通过对地祇的祭祀可以保佑国泰民安、丰衣足食，没有灾祸；人鬼，尧舜时期已经有了灵魂崇拜，认为人死后灵魂仍然会存在，这就是鬼。而生前身份特殊比如做出过重大贡献或犯有罪恶的人死后变成的鬼，会具有特殊的能力庇佑或者祸害生人，也就是有好鬼和恶鬼之分。通过对人鬼的祭祀，可以保佑子孙万世、幸福美满，避免灾祸。在我们今天看来，这是不科学的，但在当时这是非常重要、非常严肃的国家大事，所以《左传・成公十三年》讲："国之大事，在祀与戎"。国家的大事情，就是祭祀和战争。捎带说一句，在汉代之前中国人对鬼、神这两者基本是一视同仁的，没有非常明显的区别，到汉代以后，鬼才慢慢与神分出了等级，并且被赋予了越来越多丑恶的含义，并最终成为民间宗教信仰。

秩宗，秩，序也，宗，尊敬。这个官职在后世被称作太常，始终是统治阶级非常重要的官职。相传伯夷被封在吕国，就是今天的日照莒县，因此他的后代以"吕"为姓。到了商朝末年，他的子孙中有一个叫作吕尚的，字子牙，人称姜太公，协助周武王伐纣建立周王朝，被周公封在齐国，就是今天淄博一带，被尊为齐太公，是今天齐文化的缔造者。《封神演义》中的姜太公神通广大，降妖除魔封神，现在看起来，渊源也是出于伯夷这里了。

说到了齐国，就不得不再多说几句。我们知道，齐国是舜的大臣伯夷的后代姜子牙创立的，不过齐国最后的一百六十多年却是舜的后代执掌政权的。舜的后裔中有一个叫胡公满（陈胡公）的，被周武王封在陈国，传十二世内乱，陈公子完逃到齐国，改称田完建立田氏家族，进入齐国政坛后逐渐发展壮大，最后在公元前379年篡夺了齐国政权，仍以齐为国号，史称"田氏代齐"。如果去看历史书，就会发现齐国早中期的国君都称作"公"，比如"齐桓公"，这就是姜氏后代 。后来晚期的国君都称作"王"，比如"齐宣王"，这就是田氏了。

伯夷让夔、龙。舜曰："然。以夔为典乐，教稚子，直而温，宽而栗，刚而毋虐，简而毋傲；诗言意，歌长言，声依永，律和声，八音能谐，毋相夺伦，神人以和。"夔曰："于！予击石拊石，百兽率舞。"舜曰："龙，朕畏忌谗说殄（tiǎn）伪，振惊朕众，命汝为纳言，夙夜出入朕命，惟信。"

伯夷将秩宗的职位让给夔、龙，舜说："他们不错啊。让夔担任典乐吧，教稚子，让他们正直而温和，宽容而谨慎，刚强而不暴虐，平易而不怠慢；用诗来表达意志，用歌唱来拖长语音，用音乐来衬托歌声，用律来调和音乐。各种声音都要和谐，不要乱了节奏，神和人都能和穆。"夔说："啊，我用不同的手法击打石磬，百兽都跟着跳舞了。"舜说："龙，我害怕谗言和虚伪蛊惑我的民众，命令你担任纳言，日夜替我传达我的命令，一定要诚实不欺骗。"

稚子，幼子，小孩子。但这里可不是普通的小孩子，而是贵族阶层的小孩子。从这里我们可以看出，在那个时候只有贵族才有受教育的权利，普通民众是没有受教育的权利的。

关于音乐教育，今天我们是应试教育，除了艺考需求，音乐课基本上是不受重视的。而在尧舜时期，音乐教育却是非常重要的一件事。为什么呢？那是因为今天的音乐主要是用于表现人们现实生活情感的一种艺术，而在尧舜时期的音乐主要是用于取悦神灵，以达到"神人以和"的目的，是宗法性传统宗教仪式的重要组成部分，也是中国礼乐制度的滥觞。尧舜时期的乐舞在后世形成了专门的礼乐制度，发展到《周礼》而完备。孔子治六经，其中就有《乐经》，可惜后来亡佚了。这些典籍对什么等级用什么样的乐舞做了详细规定，不允许随便僭越。孔子谓季氏："八佾（yì）舞于庭，是可忍也，孰不可忍也。"就是说这个事。

把诗歌和音乐作为宗教仪式的重要组成部分，世界上多数宗教都是如此。但从舜的讲话中我们可以看出，中国远古时期的诗歌音乐除了娱神，还注重其培养陶冶性情的功能。我们的古人在人格研究上有非常辩证的观点，正直的人往往会比较强硬，宽容的人往往会比较大意，刚强的人往往性格暴烈，平易的人常常会比较随意。那么舜就要求夔通过对孩子进行音乐教育避免这些缺陷。这个目标实际上也就是尧舜文化中的精髓“允执厥中”，发展到后世就是儒家的中庸之道。去过北京故宫的人一定知道三大殿中有一间“中和殿”，这座殿上悬挂的匾额就是“允执厥中”，而这间大殿是唯一一座供皇帝一人安静思考的大殿，其意义之深远可见一斑。

夔的回答恍惚间带有神话的色彩，当他敲击石磬奏响音乐，竟然会引得野兽们争相起舞。这一句的原文在《尚书·益稷》中：“戛击鸣球，搏拊琴瑟以咏，祖考来格。虞宾在位，群后让德。下管、鼗（táo）鼓，合止柷敔（zhù yǔ）。笙镛以闲。鸟兽跄跄；《箫韶》九成，凤皇来仪。”描述了一场盛大的祭祖乐舞。这场祭祖乐舞演奏的就是韶乐，在场的观众除了舜和群臣，还有一个特殊人物：“虞宾”。虞宾，顾名思义就是虞朝的宾客，谁呢？尧的儿子丹朱，他不以君臣之礼和舜相称，而是以舜的贵宾身份相处，这与“四凶”相比，可谓善终了。在《尚书》描述的这场盛大的乐舞中提到了“鸟兽跄跄”，与《史记》中的“百兽率舞”是相呼应的。由此我们大概会想起马戏团，但夔不是马戏大师，他所说的“百兽率舞”，后世学者有的解读为：当夔奏乐的时候，以各种野兽为图腾的人起舞，或者人装扮成百兽起舞。有的解读为夔可以通过奏乐使驯服的野兽跟随节奏一起跳舞。这两种解读第一种的可能性比较大，我认为“百兽率舞”是以夔为代表的虞舜王朝统治阶层表达其理想的一种说法。当执政者能够敬天法祖，修身弘德，并用这样的心情来演奏音乐时，这音乐就可以谐和天地鬼神，让百兽都能为之起舞。

“击石拊石”，这里的“石”是指石磬。石磬大概是中国古人最早的乐器了吧。人类从旧石器时代就开始使用砸击的方式来制作各种石器，在这个过程中发现有些石头在受到敲击时会发出清脆悠扬的声音，由此而发明了石磬。不过早期的石磬显然不会像今天我们在博物馆看到的石磬那么制式统一、规格齐全。

既然讲到了乐器，就顺带着讲下中国上古时代的乐器，古人称之为八音，但为方便起见我们把其分为击打乐器、吹奏乐器和弹奏乐器三大类。

击打乐器从考古发掘来看有石磬、陶鼓、陶响器、铃。石磬我们上面讲过了。陶鼓是用陶土烧制成鼓身，然后两面蒙皮，大汶口文化遗址中就出土过多件用鳄鱼皮做鼓面的陶鼓。从古史传说中，我们可以看到黄帝大战蚩尤时就使用战鼓了。陶响器类似陶铃，摇晃可以发出响声。龙山文化遗址还发掘出了铜铃。

吹奏乐器从考古发掘来看有骨笛、陶质笛柄杯、角和埙。其中最有名的莫过于河南舞阳贾湖骨笛。这是我们现在看到的最早的至今仍然可以演奏的乐器，使用丹顶鹤的腿骨制成，距今约8000年，也是世界上最早的可吹奏乐器；在莒县陵阳河遗址发掘的陶质笛柄杯则是迄今发现的中国最早的陶质横吹管乐器；同样出土于陵阳河遗址的陶牛角号，除了奏乐可能也被用做军事用途。陵阳河遗址发现的这两件乐器在现有文献中找不到记载，这说明当时的乐器很可能要比文献记载的多。从《史记》记载来看，尧舜时期“箫韶九成”中的箫就是排箫，典型的吹奏乐器，这类乐器通常是竹制品，不易保存，这很可能就是我们今天在考古发掘中无法找到实物的原因。

弹奏乐器也是因为其多为木制不易保存的缘故，尧舜时期的考古发掘中没有发现实物。《史记》关于舜的记载中就有琴，尧嫁二女后，把琴作为赠品赐给舜。琴的地位非常高，列在八音之首。

这个时期的乐器种类虽然不算很多，不过演奏一场庄严质朴的乐舞

河南舞阳贾湖骨笛

大汶口文化陶牛角号

已经足够了。

龙的职务很有意思，纳言。他承担着两个任务。第一，把舜的命令传达出去，在这方面他相当于虞舜王朝的“新闻发言人”；第二，把民众的意见反映给舜，有人认为这是中国最早的信访制度。龙承担着上传下达的重任，他如同舜的耳目和喉舌，具有绝对的权威性。这种权威性建立在他收集的民意一定要全面、翔实，他传达的命令一定要准确无误。这样一来，就能遏制那些坏人的谗言。

关于龙的工作，还有“诽谤木”的传说。《吕氏春秋·不苟论》记载：“尧有欲谏之鼓，舜有诽谤之木”。相传尧执政时在宫外设了一面鼓，舜执政时在宫外设立了一根有特殊标记的立木，百姓民众有什么意见，可以敲响鼓或者在立木下陈述，由纳言收集反映给舜帝，而且不论发表什么言论，都不用担心受到惩罚。这一传说的记载表面上看是反映尧舜时期非常讲民主，实际上恰恰反映了尧舜执政时期原始民主制度已经随着氏族公社的解体消失了，取而代之的是阶级专制，百姓黎民的言论自由受到管制，“敢谏鼓”“诽谤木”正是这种形势下的产物，它们为执政者能够畅通与民众的交流提供了保障，不仅可以监察执政者的过失，也可以监察大小官员的过失。这也因此成了中国古代社会民主制度的一个特色。相传诽谤木流传到后世，演变成了今天我们看到的华表，失去了它原本的功能和意义。但这种让人大胆谏言而不必担心受到惩罚的制度设定，仍然深刻影响着中国古代社会政治制度的发展演变，我认为中华文明中独特的“言官”制度就无疑就是这种设定的演变。喜欢《明朝那些事儿》的读者一定会记得，明朝言官最喜欢干的就是当面顶撞皇帝，而皇帝竟然也经常拿他们没办法。

好了，我们转回头来继续看大臣分工，会发现一直到这里都没有提彭祖的事。除此之外，还会发现这些分工基本涵盖了社会政治、经济、文化、宗教的各个方面，除了一件非常重要的事情。

天安门华表

什么事呢？

军事。

从龙山文化考古来看，尧舜时期的战争是很频繁的，前文刚刚引用的“国之大事，在祀与戎”这句话说明了战争的重要性，而用于发动战争、指挥战争的军事权自然也是非常重要的了。舜给大臣们的分工没有涉及军事权，尽管他安排禹治水等于变相地给了禹一定的军事指挥权，但整个虞舜王朝的军事权还是掌握在舜手中的。

舜曰：“嗟！女二十有二人，敬哉，惟时相天事。”三岁一考功，三考绌陟，远近众功咸兴。分北三苗。

舜说："啊！你们二十二人，要慎重啊，要顺从天意做好事情。"三年进行一次考核，考核三次后根据个人表现决定降职还是重用，因此各个地方的官员都取得了功绩。分离了三苗。

舜再次提到了天意，也就是提醒众人，他的位置是由上帝认可的，他交给每个大臣的职责也是上帝的旨意，做好做不好上帝可都看着呢。中国民间有句话"举头三尺有神灵"，就这意思。不过，舜运用了非理性的上帝之力后，又采取了理性的人治方法，他制定了中国历史上最早的官员考核制度。这种制度规定每三年对大臣进行一次综合考核，考核三次后，根据工作成绩好坏决定奖惩。我们看下，舜在抓革命促生产方面是非常下功夫的，五年巡狩，群后四朝，再加上这三岁考功，给他打工那真得正儿八经撸起袖子加油干啊，所以官员们统统取得了很好的成绩，"众功咸兴"。而且分离了三苗。

三苗又出现了！之前舜不是已经打败了三苗并且把他们的首领都迁走了么？怎么又出现了？原来，这段讲的三苗不是那一支了。如前所述，三苗集团与华夏东夷联盟一直冲突不断，舜摄政时双方进行过一次决战，三苗集团中挺进中原的那一支彻底战败，其余的虽然采取了和华夏东夷联盟讲和的策略，但心底里是不服气的，因此小的摩擦冲突也在所难免。舜摄政之后，整个华夏东夷联盟变得日益强盛，且政治清明，开创了被后人赞誉为尧天舜日的盛世。在这种情况下，原本看似铁板一块的三苗内部出现了裂痕和分化，有的开始向华夏东夷联盟靠拢并逐渐地发生融合，走上了合作共赢的和平发展之路，怀有敌意的势力因此被削弱。这也为日后大禹彻底征服三苗打下了基础。《韩非子·五蠹》记载："当舜之时，有苗不服，禹将伐之。舜曰：'不可。上德不厚而行武，非道也。'乃修教三年，执干戚舞，有苗乃服。"大概说的就是这一段。

执干戚舞，字面意思是拿着盾牌和斧头跳舞，但跳舞怎么能让敌人屈服呢？有专家认为这是中华先民把礼乐作为教化民众重要工具的反映。因为乐是民众最喜闻乐见的形式，所以容易为民众所接受。《乐记》认为，乐“可以善民心，其感人深”。《孝经》认为：“移风易俗，莫善于乐。”在用于教化的乐舞中，要用乐器演奏出音乐，还要舞者进行舞蹈，干戚就是其中的重要道具。《乐记》记载：“文以琴瑟，动以干戚，饰以羽毛，从以萧管。”不动刀兵，以教化征服三苗，这算得上中国有历史记载的第一例“不战而屈人之兵”了吧。

“不战而屈人之兵”出自《孙子兵法·谋攻篇》：“凡用兵之法，全国为上，破国次之；全军为上，破军次之；全旅为上，破旅次之；全卒为上，破卒次之；全伍为上，破伍次之。是故百战百胜，非善之善者也；不战而屈人之兵，善之善者也。”孙武著《孙子兵法》，被后人称为“兵圣”，这句“不战而屈人之兵”也常被人当成他的兵法核心要义之一。然而各位知道吗？孙武竟然是舜的后裔！前文讲过，舜的后裔被封陈国，陈公子完逃到齐国改名田完，田完的一个五世孙叫田书，田书因伐莒有功被齐景公赐姓孙，改名孙书，孙书生孙凭，孙凭生了孙武。

好了，转回来继续看舜对大臣们的这次分工调整后有没有效果吧。

此二十二人咸成厥功：皋陶为大理，平，民各伏得其实；伯夷主礼，上下咸让；垂主工师，百工致功；益主虞，山泽辟；弃主稷，百谷时茂；契主司徒，百姓亲和；龙主宾客，远人至；十二牧行而九州莫敢辟违；唯禹之功为大，披九山，通九泽，决九河，定九州，各以其职来贡，不失厥宜。

这二十二个人都取得了功绩：皋陶做大理，公平执法，民众都服从他的判决；伯夷主持祭礼，上上下下都能谦让；垂做共工，百工都干得很好；伯益担任虞官，山林和沼泽都得到了开发；弃任后稷，农作物

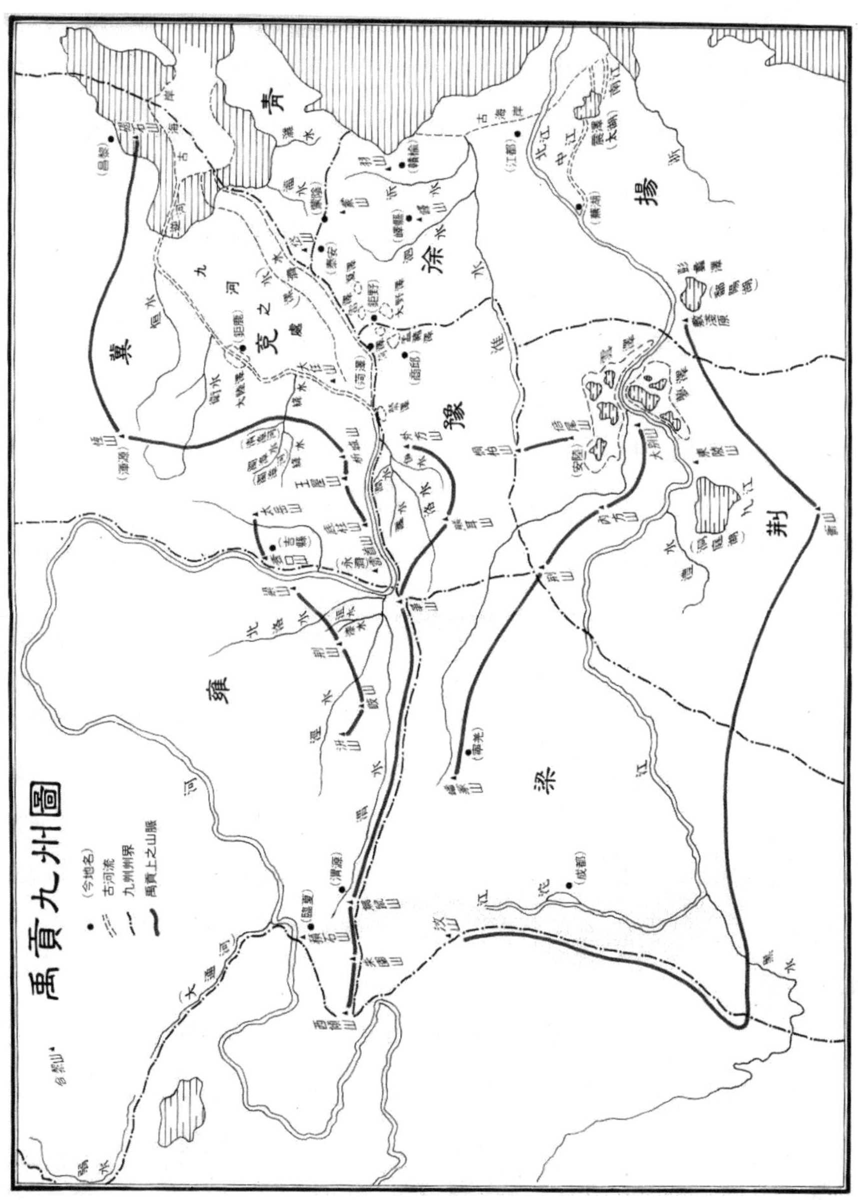


禹贡九州图

都生长茂盛；契任司徒，百姓都能够相亲和睦；龙接待宾客，远方人都闻名前来；十二牧到各地去没有人敢避而不见；唯有禹的功劳最大，靠开辟九座大山疏通了水路、九个大泽和九条河流，确定了九州，注意最后这句是直译过来的，里面的“九”并非是个准确数字，古人常常用“九”这个数来表示多的意思，清朝人汪中写过一篇《释三九》对此有详细解释，感兴趣的可以去看看。因此这一句意译应该是：唯有禹的功劳最大，围绕着很多山疏通了水路和很多大泽、河流，确定了九州，九州的人们纷纷用他们的特产前来进贡，没有不符合规定的。

现在来看十二牧。前面我们看到过“牧”，尧执政时期称为“诸牧”，马融解释时称“群牧”。这反映了什么呢?

第一，尧执政时期就有了这个职位。第二，数目不详，前面加了“诸”“群”做定语，说明数量不少。我认为这很可能与尧执政时期还没有对天下做出大致的区划有关。到舜执政时期创建了十二州，“牧”也就设置了十二个。

通过这些分析我们可以推断“牧”的主要职责很可能是负责邦国联盟盟主与四方诸侯的联络沟通，而且从尧执政时“群牧”可以担任“揖瑞”的重要任务，与后世的钦差大臣是有些相似的。到了舜执政时期，“十二牧行而九州莫敢避违”，说明舜的政令能够畅行天下，邦国联盟内的邦国、部落都服从他的领导。为天下划定大致区划，对万邦万国进行有效的统治，这不是一个王朝又是什么呢?

九州来贡，是夏商周三代贡赋制的起源，也是中华文明起源与西方文明起源的不同之处。这种制度究其根源在家庭内父权制度的确立，在一个家庭中父亲是拥有家庭全部财富的家长。一个家族的权力会被强势的一个或几个家庭拥有，并最终落实到这些家庭的家长手中。一个邦国或者部落的权力又会被强势的家族所拥有，并最终落实到一个人或几个人的手中。一个部落联盟或者邦国联盟的权力又会被强势的部落或邦国所拥有，并最终落实到少数人的手中。这每一层中都存在着绝对的不平等和压迫，又存在着相对的平等和互助。每一层中的下级都要向上级进贡或者提供无偿劳动，而每一层又都要向上一级进贡或者提供无偿的劳动以及兵役。这种进贡表示由下而上的服从，是由上而下统治权利的象征，这种政治权威是统治阶级财富累积的重要方式，财富积累最终导致了文明的产生，这是中华文明起源的独特之处。这种独特的政治架构起源于稳定的农业，家庭、家族、部族的稳定叠加是其主要推动力，主要依靠建立在上帝崇拜、祖先崇拜基础上的绝对父权维持，同时也依靠必要的战争征服，用《左传·成公十三年》的一句话来说就是："国之大事，在祀与戎。"因此中国先秦时期注重礼乐制度，在考古上可以看到中国先秦时期的青铜文化主要是礼器，并且达到了人类文明的巅峰，无人企及，还有部分青铜武器，但青铜生产工具几乎没有。而两河流域的西方文明起源则与此有着很大的不同，他们的文明主要起源于商业贸易，大规模的水利灌溉技术以及其他科技技术的发展是其推动力，依靠建立在商业贸易和战争征服基础上的绝对王权维持，同时也依靠宗教崇拜。因此西方文明比较注重法律制度，在考古上可以看到两河流域的青铜文化主要是生产工具和武器，几乎不用于制作礼器。

方五千里，至于荒服。南抚交趾、北发，西戎、析枝、渠廋（sōu）、氐、羌，北山戎、发、息慎，东长、鸟夷，四海之内咸戴帝舜之功。于是禹乃兴九招（sháo）之乐，致异物，凤皇来翔。天下明德皆自虞帝始。

五千里见方的疆土，一直到荒服。安抚了南方的交址、北发，西方的西戎、析枝、渠廋、氐、羌，北方的山戎、发、息慎，东方的长、鸟夷，四海之内都感戴舜帝的功德。于是禹作九招的音乐，使奇异的东西都送来，凤凰也来跳舞。天下的美德都是从虞帝这里开始的。

方，这是个我们今天常见的字，四方、方向、正方、方位、地方。在此处这个方是指土地疆域。先秦时期中国人的宇宙观是天圆地方，这是一种非常古老的观念，它起源于至少5000多年前，在今天的辽宁喀左东山嘴红山文化遗址和牛河梁红山文化遗址就已经发现了具有天圆地方象征意义的祭坛遗址。关于地方概念起源的说法大致有四种：一种是说来源于古人对天地的观测，这种说法可以解释天圆却无法解释地方；一种说法是认为方实际上就是平的意思，这个也不对，因为古人有明确的“地平”说法；还有一种是说古人田地的划分以及宫殿城墙的修建都是方形，这种说法也不是很合理，毕竟古人对田地宫殿是可以测量的，但对于广袤的大地却无法测量；第四种是我认为比较合适的，这种说法认为天圆地方并非是对天地形状的描述，而是对其特性的描述，圆是旋转运动的，方是静止不动的，从这个意义上来讲最符合古人宇宙观的内涵。古人非常重视天文，在他们眼中，夜晚旋转的星空是最为神秘的，我们看古人礼天的玉璧就是圆形的，其中有一种形制比较特殊的：周边三个如同旋动涡流般的齿，中心圆孔，也有人称其为玉璇玑，这种玉璧就非常形象地表现出了古人的“天圆观”，圆就是旋转不停的意思。而“地方”一词流传下来，逐渐引申出更多的含义，比如这个“方五千里”。

荒服，五服之一。古人在帝王都城外围每五百里划分一个区域，由近到远分别是甸服、侯服、绥服、要服、荒服。据传这个制度是自尧时就有的，记住，只是据传。甸服是自王城京畿外围起五百里，这个区域距离王城最近，主要是为王城供给粮食和各种劳役，赋税最为繁重，每一百里分为一节，共分五节；侯服在甸服外围，距王城稍远，因此二百里内分为两节，其他三百里一共算做一节，共分三节；绥服、要服、荒服距离更远，一般就内三百里为一节，外二百里为一节，都是分为两节。五百里一服，东、南、西、北单个方向上看，五服是两千五百里，东南、西北横贯就是五千里。

禹兴九招，“箫韶九成，凤凰来仪”讲的就是这一段。“招”字音“韶”，就是《箫韶》，世称《韶乐》。这首曲子通常是配着诗歌和舞蹈同时演奏的，共分为九个段落，每一段是独立的一首，故称九成，又叫九招。韶乐起源于虞舜时期，相传是舜所作，因此又称舜乐。从史料记载和传说来看，舜是具有一定音乐才华的，这很可能与瞽叟精通音乐有关。相传舜作有“四乐”，除了《韶乐》还有《思亲操》《南风歌》《卿云歌》三首。

相传《思亲操》是舜在历山耕种时思念父母而作，歌词如下：

> 陟（zhì）彼历山兮进嵬，有鸟翔兮高飞。
> 瞻彼鸠兮徘徊，河水洋洋兮青泠。
> 深谷鸟鸣兮莺莺，设罥（juàn）张罝兮思我父母力耕。
> 日与月兮往如驰，父母远兮吾当安归。

大意是：登上那高高的历山，看见鸟在空中飞翔。看着来去徘徊啊，河水奔流啊清爽寒凉。深谷中鸟儿嘤嘤的鸣叫，设网张网想起我的父母正在辛勤耕种。时间飞逝啊，远离父母的我的归宿在哪里？

在他摄政天下后又作有《南风歌》，歌词如下：

> 南风之薰兮，可以解吾民之愠兮。
> 南风之时兮，可以阜吾民之财兮。

大意是：

南风清凉地吹来啊，可以解我万民的愁苦啊。

南风及时地吹来啊，可以让我万民富足啊。

每当我看到这首《南风歌》，都会对这位人文始祖充满深深的敬意。当他功成名就、君临天下之时，心中时刻惦记的仍然是天下苍生的疾苦！这是一种怎样的政治情怀，这是一种怎样的抱负理想！

而他的《卿云歌》，相传是禅位给大禹时所作，歌词如下：

卿云烂兮，纠（jiū）缦缦兮。日月光华，旦复旦兮。明明上天，烂然星辰。日月光华，弘于一人。日月有常，星辰有行。四时从经，万姓允诚。于予论乐，配天之灵。迁于圣贤，莫不咸听。鼚（chāng）乎鼓之，轩乎舞之。菁华已竭，褰（qiān）裳去之。

大意是：卿云灿烂如霞，瑞气缭绕呈祥。日月光华照耀，辉煌而又辉煌。上天至明至尊，灿烂遍布星辰。日月光华照耀，嘉祥降于圣人。日月依序交替，星辰循轨运行。四季变化有常，万民恭敬诚信。鼓乐铿锵和谐，祝祷上苍神灵。帝位禅于贤圣，普天莫不欢欣。鼓声鼚鼚动听，舞姿翩翩轻盈。精力才华已竭，便当撩衣退隐。

这首歌描绘了虞朝太平盛世的万千气象，表达了中华先民对美德的崇尚和贤能治国的政治理想。如此辉煌灿烂的盛世景象，大概就是中华先民们理想中的大同世界吧！

以上就是传说舜作的四乐，我们在这里主要讲讲《韶乐》。我认为韶乐应该是舜的乐官夔带领其他部分乐官共同创作，但被记在了舜的身上。《吕氏春秋·古乐篇》："帝舜乃命质修《九韶》《六列》《六英》以明帝德。"这个说法还是比较客观的。

《韶乐》传到夏、商、周三代，都被作为国家大典专用的乐舞，周武王封姜太公到齐国，韶乐传入齐国。孔子在鲁昭公二十五年（前517）到齐国，观赏到韶乐后赞叹"不图为乐至于斯"，"学之，三月不知肉味"。韶乐历朝历代一直作为重大典礼和重要场合演奏的宫廷音乐，不断地演变发展，直至近代才湮灭在历史长河中。现在流传下来的有《箫韶九成》古琴谱，大约可以从中一窥这首古乐的影子。中国人自古好礼乐，相传自黄帝起就有正式的宫廷音乐，除了韶乐，黄帝有《大卷》之乐、尧帝有《大咸》之乐、禹帝有《大夏》之乐、商代有《大濩（hù）》之乐、周代有《大武》之乐，但为什么韶乐会一直作为重要的宫廷音乐流传下来？我们从以上乐舞的名字可以看出，唯有韶乐被称为最美之乐，韶，美也。孔子听过韶乐，也听过《大武》，他对韶乐的评价是："尽美矣，又尽善也。"对《大武》的评价是："尽美矣，未尽善也。"尽善尽美这个成语最初就是用来评价韶乐的。那么这个美和善是指乐舞本身么？实际上这是孔子对舜帝一生伟大功德的评价，韶乐表现的正是他那种感天动地、天下为公、追求大同的崇高道德和伟大理想。正是如此，韶乐才会有如此之强大的感召力和生命力。

关于韶乐还有诸多传说，比较有名的比如湖南韶山，这是我们伟大领袖毛泽东老人家的故乡，韶山相传就是舜在此演奏韶乐得名。

"天下明德皆自虞帝始"，司马迁的这句评论是对舜和舜文化的高度总结概括。那么舜文化的概念和核心是什么呢？谢玉堂先生在他的《论大舜》中指出："舜文化是指以尧舜禹三代为代表的中国原始社会末期天下大同、天下为公、天人合一、社会和谐的文化。""舜文化就是高尚的道德文化，舜文化的核心是道德，人们通过对舜德文化传统内涵的梳理，将舜文化归结为：父义母慈兄友弟恭子孝的家庭伦理道德；勤于职业、精益求精、诚实守信的职业道德；乐于助人、谦恭礼让、和睦邻里的社会道德；施政以德、举贤任能、勤政爱民、天下为公的政治道德；天人合一、保护生态、和谐共处的宇宙道德。"①

那么在舜之前，我们的中华先民是否具备这些道德品质呢？我认为已经具备了。那为什么司马迁要说："天下明德皆自虞帝始"？为什么后人要尊奉舜为中华道德始祖？

实际上，如同世界上其他古老民族一样，中华民族的道德观念也是起源于原始共产主义社会的，这些朴素的道德观念发展到五帝时代已

① 谢玉堂：《论大舜》，山东：山东人民出版社，2010 年版，第 305 ~ 306 页。

经日益丰富和完善，但由于部落、邦国林立，各自为政，当时整个社会的道德观念也总体呈现为分散、多元和差异化的状态，没有形成一套完整、统一的体系。舜执政后，邦国联盟的政治架构发展成熟，邦国联盟盟主的政治权威得以空前提高，虞朝由此诞生。这种基于强大政治权威而建立的王朝强烈要求建立统一的社会伦理道德体系，促使分散、多元化的道德观念不断聚集、汇总并向理论化、体系化转变。而舜作为虞舜王朝的创建者，以身作则，完美诠释了修身以德、齐家以德、以德治国、以德平天下的道德理念，数千年来没有一个思想家、史学家能挑出他在道德品质上的任何缺陷，反而是在对他的追念和推崇中，提炼出了以他为代表的中华传统伦理道德体系。这正是时势造英雄，英雄造时势。分散、多元的传统伦理道德在虞舜时期实现了质的转变，形成了中华传统道德伦理体系的基础。这套体系和我们今天的社会主义核心价值观是一种历史传承和发展创新的关系。后世直至今天尊舜为中华道德始祖，其本质是我们中华民族对中华传统伦理道德的崇尚和敬畏。

# 第七章 治 水

写到这里，我们把治水拿出来单独作一篇。为什么呢？因为治水这件事情的意义非常独特、非常重要。

我们知道，世界上几乎所有古老的民族都有大洪水的传说，但是除了大禹治水，其他的洪水传说结局都是大致一样的：连绵不断的暴雨伴着洪水从天而降，淹没所有陆地甚至最高的山峰，所有物种都在洪水中毁灭，只有人类在至高神的一丝怜悯下，得以留下一个家庭或一男一女（或夫妻，或兄妹）繁衍后代，重新开始一个新世界。这些传说彰显了古代人类关于至高神创造一切、拥有一切、统治一切的宗教观，人类遇到至高神降下的毁灭洪水时，唯有跪地祈求，苟且偷生，哪里还敢说“治水”？而我们的中华先民不仅敢说，更敢做。鲧治水九年，大禹治水十三年，历尽千辛万苦，最终战胜了洪水。在大禹治水的神话中，鲧是被当作英雄来记载的：他为了平息洪水偷走了上帝的宝物“息壤”来为人们制造陆地，结果上帝震怒，夺回宝物，将他杀死。可见，不论是《史记》中记载的治水，还是神话传说中的治水，都反映了我们中华先民们战天斗地、百折不挠的英雄气概，这样一个爱好和平、大度包容、处事中庸的民族，在面对至高神灵的蔑视、巨大灾难的威胁时，反而爆发出了勇往直前、赴汤蹈火的坚忍和决绝。这不能不说是人类史上的奇迹，不能不说是人类思想史上的绝唱！这种平日不易察觉的顽强精神也是中华文明历经劫难却仍然数千年传承不息的重要原因。熟悉二战历史的朋友一定记得滇缅公路。1937年7月7日，日本挑起卢沟桥事变，发动全面侵华战争，中华民族面临生死存亡的危急关头，为了打破日本侵略者的封锁，为抗战输送宝贵的战争物资，中国人从1937年底开始，仅用了九个月的时间建成了这条生命通道，为中国抗战输送了极其宝贵的战略物资。这条公路的修筑者大部分是老人、妇女和儿童，他们用最简陋的工具完成了英美专家断言用先进机械设备都难以按时完成的任务。建成之日，英国记者写道："这是一条用手指刻出来的公路。"美国驻华大使詹森专程取道仰光去看了看这条公路，他在回国后的报告中写道："这是一条纯靠人力开辟的公路，是全世界任何其他民族都办不到的事！"他当然难以想象，中华民族的这种不怕牺牲、百折不挠的特质和基因早在四千多年前就已经形成了。

我搜集了几张老照片，从这些照片上我们可以看到这些普普通通的劳工是用多么简陋的工具来完成这样一件伟大工程的。谨以此向他们致以深深的敬意，也同时向四千多年前战天斗地的中华先民们致以深深的敬意！

使用简陋工具修筑滇缅公路的中国民工

使用简陋工具修筑滇缅公路的中国民工

使用简陋工具修筑滇缅公路的中国民工

使用简陋工具修筑滇缅公路的中国民工

我们今天已经习惯说大禹治水，实际上早在尧执政时就开始与这场洪水做斗争了。治水贯穿了尧、舜、禹三代邦国联盟领袖的政治生涯，尧在治水的过程中找到了接班人舜，完成了尧舜禅让；舜在治水的过程中找到了接班人禹，完成了舜禹禅让。治水贯穿了中华文明公天下的英雄时代，贯穿了古代中国华夏、东夷、三苗三大集团合而为一的历史过程，中华文明在统一中治水，在治水中统一，中国历史上第一个王朝虞朝也是由此而诞生。

那么历史上真的有这样一场洪水么？《尚书·禹贡》记载：“禹敷土，随山刊木，奠高山大川。”《尚书序》记载：“禹别九州，随山浚川，任土作贡。”早先很多学者认为《禹贡》是晚起的文章，可信度存疑。特别是疑古派，干脆说禹不是个人，是一条虫。

但是，近年来的两个考古发现改变了众多学者的观点。

一个是西周遂公盨。遂公盨铭文第一句就是：“天命禹敷土，随山浚川”，一下子将这场大洪水的可靠记载提前了六七百年，遂公盨的铭文说明早在西周时期大禹治水的事迹就已广为流传且深入人心了，《尚书》记载的是可靠的。值得一提的是:遂是舜的后人建立的国家，据说是夏朝时所封，商周时期又分别续封。《春秋》记载，遂国在鲁庄公十三年被齐国所灭。

还有一个就是上海博物馆收藏的战国楚竹书《容成氏》，这批楚简深埋于地下数千年，未经后人扰动。这批竹简经北京大学李零先生整理后，全篇共存完、残简五十三支，文中详细记载了大禹治理九州洪水的事迹：

> 禹亲执枌（耒）耜，以波（陂）明者（都）之泽，决九河之阻，于是乎夹州、（徐）州始可处。禹通淮与忻（沂），东注之海，于是乎競州、莒州始可处也。禹乃通蒌与湯，东注之海，于是

遂公盨

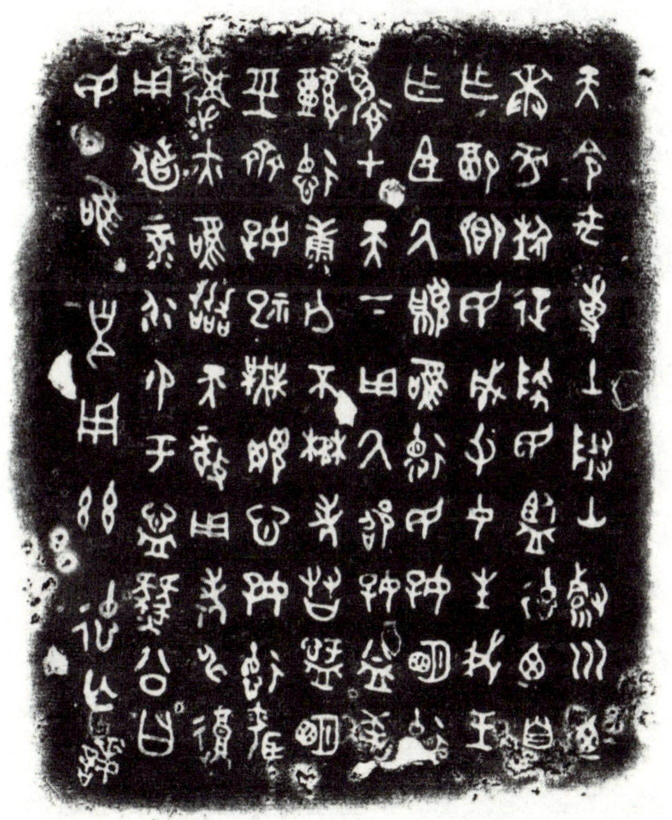

遂公盨铭文

乎蕅州始可处也。禹乃通三江五沽（湖），东注之海，于是乎荆州、扬州始可处也。禹乃通伊、洛，并里（瀍）、干（涧），东注之河，于是乎（豫）州始可处也。禹乃通经（泾）与渭，北注之河，于是乎虘州始可处也。

虽然这篇战国楚简中的九州名字和我们今天所见九州的名字有差异，但仍然说明了先秦文献有关大禹治水和“茫茫禹迹，画为九州”的传说是可靠的。

遂公盨和《容成氏》表明了上古时期中华大地上确实发生过一场可怕的洪水灾难，中华先民们也确实与其进行了艰苦卓绝的斗争，因此留下了深刻的印象，以至于后人世代传颂。

那么这是一场多大范围的洪水呢？我认为这场洪水应该不包括长江流域，而主要是指黄河水患，重灾区在当时的黄河中下游地带。因为尧舜时期的邦国联盟中心区域大概就在今天的山西南部、河南中东部。洪水如果发生在其他地域，邦国联盟的领导层还感觉不到什么，而一旦发生在这个区域，对他们来说就是：哇，我的整个天下都被水淹了！哇，我所有的人民都遭灾了！

这场洪水的起因大约有天时、地理、人为三个方面因素。从天时来看，很可能出现了不利的气候，如高山冰川融化、降水突然连续增多，从而导致黄河上游、支流水量骤增；从地理来看，黄河一路承接大小支流，水量渐增，过潼关后到河南郑州的区间流域又是黄河流域常见的暴雨中心，暴雨强度大，汇流集中迅速，洪水来势猛，加上下游道泥沙沉积淤塞，极易造成河水乱道，泛滥成灾；从人为来看，尧舜时期人们已经进入稳定的农业定居生活，这种农业定居生活对水的需求是第一的，从考古发掘就能非常清楚地看出来，那个时期的人们多在水边或水边的二层台地建立居住区，原因就是方便生活和农业用水。有人说了，为什么非要到河里挑水，打井不行么？没错，这个时期确实已经有了打井技术，但并不普及，所以人们主要还是依靠河流。这三个因素凑到一起，问题就来了，当气候导致黄河水量剧增，一路奔腾到中下游时，冲出河道泛滥肆虐，毫无悬念地就把靠水居住的农业定居区淹掉了。这是灾难性的，因为毁掉的不仅是定居区，还有人们赖以生存的农业。

这个洪水有多大呢？我们现在常用多少年一遇来形容洪水的大小，这场洪水多少年一遇不好说，反正尧活了七十多岁也是第一次见，所以我们推断很可能是七十年一遇吧，这个级别有多高呢？ 我国2009年1月1日开始实施的国家标准《水文情报预报规范》对洪水做了四个等级的规定，最高级别定义为特大洪水，是指五十年以上一遇的洪水。特大洪水的破坏性有多大呢？各位可以去查查1998年长江特大洪水便知。

那么这个时期的人们有没有治理洪水的经验呢？肯定有啊！黄河边上的人们和这条脾气暴躁的河水打交道不是一天两天的事，大大小小的洪患一定也没少经历过。在与洪水打交道的过程中，人们积累了不少经验，而且还出现了在这方面具备很高权威的氏族部落，这个氏族部落就是共工氏。共工氏的治水手段是什么呢？就是修筑堤坝。我们知道，龙山文化时期出现了许多古城池，这些城池都是有两种功能的，抵御外敌入侵时就是城墙，抵挡洪水时就是堤坝。了解宋史的朋友应该记得宋太祖赵匡胤水攻晋阳的精彩桥段，晋阳城那就是兵来城挡，水来还是城挡的典范之作。所以必须承认的是，修筑城防堤坝抵御洪水，是古人长年与洪水做斗争总结出来的行之有效的宝贵经验。但是，这种手段只能对付一般的水患，遇到七十年一遇的特大洪水就不好用了。鲧被推荐为治水人选之后，他首先想到的就是修堤坝，不就是特大洪水么?我给你修特大堤坝！估计换了其他大臣来也没别的好办法，事实证明就连舜也没什么好办法。鲧的悲剧就这样酿成了，他没有更好的办法，又刚愎自用听不进别人的意见，当时的生产力水平不足以支持他到处修建防御七十年一遇特大洪水的堤坝，于是他成了一个失败者。

舜治了鲧的罪，但治水这个问题落到了他手里。

这场洪水，共工治不了，鲧失败了，尧也束手无策，他该怎么办？虽然治不好不会影响到他的政治地位，毕竟那么多人包括尧都没成功，但这不是舜的性格，他不会推脱责任，更不会知难而退的。

可是怎么治呢？

舜非常清醒地意识到治水绝对是个技术活！要想治好这场洪水，就必须从治水世家中挑选人才，这些人常年和洪水打交道，治水经验远比任何人要丰富。于是，禹进入了他的视线。可是，禹和他是有杀父之仇的，一旦禹治水成功，会不会来找他报仇呢？这不是没有可能的。然而他还是启用了禹。知人善任，任人唯贤，这充分显现出了舜高瞻远瞩的政治家眼光和无私无畏的宽广胸怀。

禹接受了任命，果然没有辜负舜的期待，他心中时时刻刻在想着洗刷掉父亲背负的罪责，他殚精竭虑、深刻反思前人治水的教训，决定施行疏堵结合的方案，从而一步步走向了成功之路。大禹的治水成功，得益于他的高超智慧和顽强不屈，更得益于舜的强大支持和精心安排。

首先，舜为禹提供了强大的政治保障。舜摄政之初就已经赢得了东夷华夏联盟多数邦国、部落广泛的政治支持。在他清理了共工、谨兜和鲧三个利益集团、打败了挺进中原的三苗集团后，他的政治权威如日中天，《史记·五帝本纪》称之为“天下咸服”！舜派到各地去的十二牧，当地的邦国、部落“莫敢违逆”。这种局面在鲧治水之时是不存在的，尧舜时期，是个万邦万国林立的时期，治水需要各邦国、部落积极配合，然而由于政令不畅，因此鲧在各地兴建治水工程必然遇到非常多的阻挠。而禹治水的政治环境就完全不同了，舜的政令所到之处，很少有人敢于违抗。在哪里开口泄洪，在哪里筑坝挡水，禹只要提出来，出于对舜的尊崇和服从，各邦国、部落都会尽量配合和支持。

其次，舜为大禹治水安排了得力的助手。《史记·夏本纪》记载：“禹乃遂与益、后稷奉帝命，命诸侯百姓与兴人徒以传土，行山表木，定高山大川。”舜安排了负责山泽林业的伯益和负责农业生产的后稷协助大禹治水。为什么派这两个人？我们可以想象，禹的治水队伍不可能自己种粮食，他们吃什么、穿什么、用什么？这些都需要强大的后勤保障，谁来提供呢？那么这两个人的主要作用就是为治水队伍供给吃穿和器材的。

第三，舜给了禹极大的权力。这个权力有多大呢？整支治水队伍的指挥权。我们为什么说治水指挥权是极大的权力？因为这支治水队伍主要任务虽然是治水，但一旦武装起来就是一支强大的军队，这是禹治水成功的重要保障，也是他日后能会诸侯于涂山的重要保障。刚才说了，绝大多数邦国、部落都会配合他治水，但仍然有一些不配合的。因此还必须依靠军事征服和镇压。《荀子·成相篇》记载：“禹有功，抑下鸿，逐共工。”《山海经·大荒北经》：“禹湮洪水，杀相备。”相备，即相柳，传为共工的臣子。还有禹大战淮水水神无支祁并将其锁于龟山之下的众多传说，都说明了禹治水过程中也没少打仗，打仗的队伍哪里来呢？就是靠这支治水大军。话题转回来，舜有没有想过大禹掌握着这样一支强大的军队，可能会来报杀父之仇呢？我们不得而知了，但他显然没有因为这样的私心顾虑另做打算，而是毫无保留地将权力交给了大禹。

最后，真正促成这件伟大工程胜利的，是那些普普通通根本没有被记入史册的中华先民们。在四千多年前那种艰难困苦的条件下，他们团结一心，用原始而简陋的工具，风餐露宿，南征北战，劈山开岭，开江导河。我们看看带头治水的禹，他治水十三年，三过家门而不入，腿都瘸了。禹尚且如此，那些跟随他的治水民众又该付出多少艰辛，多少牺牲，才换来这滔天水患的根治。我们还是用抗日战争时期修建滇缅公路的一个数字来想象一下大禹治水中中华先民们的牺牲：据有人统计，滇缅公路全长1146公里，共有3000多名民工在建设中牺牲，平均每五百米就有一个普普通通谁也不会记住他名字的英魂！

因此治水这件事，舜是总指挥，禹是总工程师，而那些跟随他们战天斗地却默默无闻的中华先民们，更是我们不该忘记的伟大功臣！

大禹治水是中华文明史上的一件大事。它是中华文明起源时期第一次跨血缘、跨地域的大范围的联合性系统工程，第一次中华民族精神的伟大凝聚，有力地促进了黄河中上游和黄河中下游地区各邦国、部落的联合，有力地推动了各地域政治、经济、文化、宗教多方面、多层次、大范围的交流和融合，治水成功不仅极大地促进了当时社会的政治稳定和经济发展，更为重要的是它让原本各自为政的中华先民们在百折不挠的战天斗地过程中，产生了天下的统一观念和牢固的向心凝聚力，形成了中华文明中勤劳、勇敢、和谐、融合的特质和基因，奠定了中华文明数千年传承不息的基石。

大禹治水的成功是虞舜王朝成熟的标志，它证明了邦国联盟盟主权力已经成了完全凌驾于全社会之上的强制性的公共权力，舜所创建的虞朝基本完成了向复合制国家形态的嬗变，因此，治水的成功标志着中国历史上第一个王朝——虞朝的正式建立。

另外，这次治水很可能还带来了两项重要的副产品：第一，凿井技术的普及。根据《孟子》和《史记·秦本纪》的记载，伯益曾跟随大禹一起治水，伯益掌握一项技术：凿井。因此，他在跟随大禹治水的过程中，把这项技术传播到了各个地方。这件事情的意义非常重大，凿井技术的推广使当时从事农业生产的人们减少了对河流的依赖，在远离河流的地方建立定居点成为可能，并且一样可以从事农业生产，这对促进更加优越、稳定的定居生活和农业发展做出了巨大的贡献。

第二就是很可能推动了文字或者说文字符号的发展。考古学家在山西陶寺遗址发掘出了陶壶朱书，基本认可这两个朱书是早期文字。徐旭生先生在《中国古史的传说时代》一书中对此有过论述，他说："象形符号在从前只有从事宗教的人才会使用，与宗教事业无关的人还没有需要。到了尧、舜、禹的时代，治理洪水是刻不容缓，超过一切的一件大事，各氏族间的往来、商酌一定会很频繁。不但算工、记数需要符号的帮助记忆，就是召集、约束也恐怕需要符号的帮助征发。从前原始的行用不超过玄宫或与它有密切关系的范围，现在因为时势的促迫，它就被推广行用，成了各氏族间的信号。"[①]我认为，徐旭生先生的这一推测是有道理的。

我们今天说起中国文字的起源，通常会讲到殷墟甲骨文。殷墟甲骨文是中国最古老的、已经具备严密系统的成熟文字，距今约有3000年。在甲骨文产生之前，中国文字从结绳记事开始，到画（刻）图（符）记事，经历了一个相当漫长的发展过程。尤其是远古先人们在陶器上刻画写绘的各种陶文、陶符，很可能就与甲骨文有着渊源。我们从比较早的半坡仰韶文化陶器符号开始，有马家窑文化陶器彩绘符号、大汶口晚期陶器符号、邹平丁公陶文、龙山文化陶器刻画符号（约在尧舜时期）直到陶寺朱书，也有大约2000年的发展历程。虽然我们现在还不能确定它们之间的传承演变关系，但它们起到了孕育中国古文字发展土壤的作用是毫无疑问的。在龙山文化晚期，随着各区域文化融合的加速，这些早期的文字符号必然也会不断融合、发展，由此而产生出应用区域更广泛的早期文字符号也是完全有可能的。

① 徐旭生：《中国古史的传说时代》，北京，科学出版社，1960年，第12页。

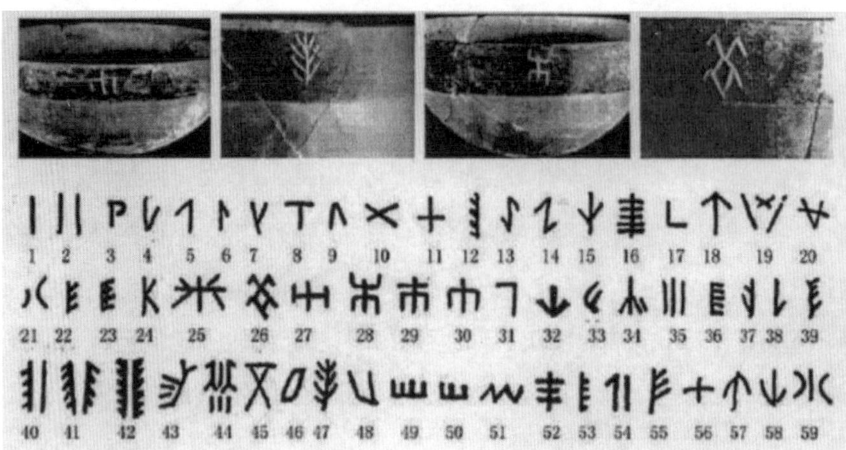

半坡仰韶文化陶器符

马家窑文化陶符

大汶口文化陶符

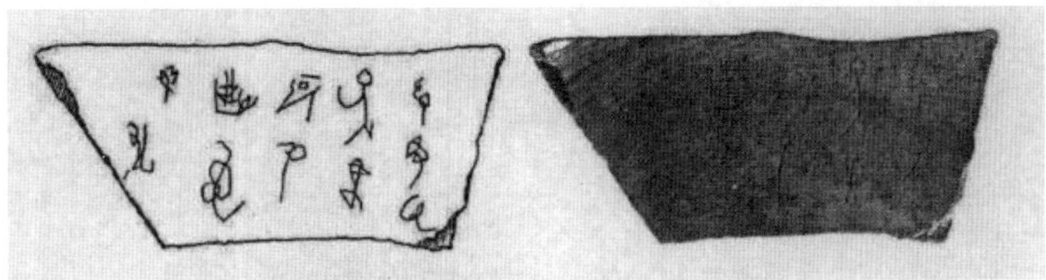

丁公陶文摹本、照片

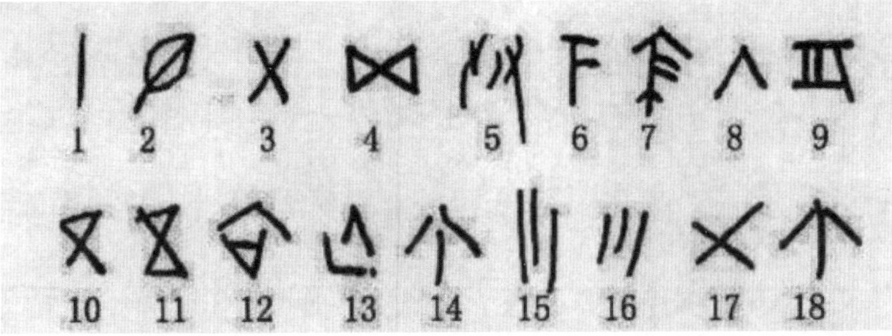


龙山文化陶符

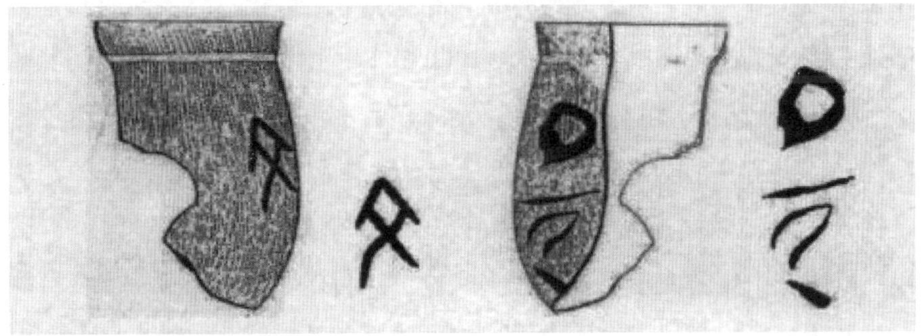

陶寺朱书摹本

# 第八章　魂归九嶷

舜年二十以孝闻，年三十尧举之，年五十摄行天子事，年五十八尧崩，年六十一代尧践帝位。践帝位三十九年，南巡狩，崩于苍梧之野。葬于江南九疑，是为零陵。

舜二十岁的时候以孝道闻名，三十岁的时候尧举用了他，到五十岁的时候摄政，五十八岁的时候尧帝去世，六十一岁的时候正式继承帝位。在位三十九年，到南方巡狩时，在苍梧之野去世。葬在江南九嶷，叫作零陵。

根据这段记载，我们推算下舜活了多大岁数，六十一岁正式继位，在位三十九年去世，正好是一百岁。不过《尚书正义》认为这种说法是错误的。《尚书正义》认为舜三十岁被举用（舜生三十徵庸），试用加摄政三十年就六十岁了（三十在位），服丧三年，其中一年算在摄政年数中，这就是六十二岁，在位五十年去世（五十岁陟方），应该是一百一十二岁。但是不管是一百岁还是一百一十二岁，在医学条件发达的今天也是非常长寿了，因此引起很多人的质疑。看起来这岁数是有些太长了，但会不会有特例呢？这个也是很难说的。

舜是在南巡途中去世的。对此也有其他说法，认为舜是被禹逼迫离开都城，死在流亡途中，这种说法的基础一是认为尧、舜、禹之间不存在禅让，二是舜、禹之间有杀父之仇，三是禹摄政之后巡狩就应该由禹来实行，舜何来南巡之说？我不同意这种说法，从尧舜之间的禅让可以看出，这种制度为求政权的平稳过渡会有相当长时间的交叉执政期，老的帝王退位后仍然掌有非常重要的决定权，比如舜在驱逐四凶的斗争中就取得了尧的大力支持。舜正式继位后，启用的都是拥护和支持他的朝臣，禹执政后这批大臣也一直在朝中供职，禹即便有心政变也难以实施。至于杀父之仇，这个看似合理，其实不然。中国人自古讲究“义”，因此在大是大非的问题上还是非常看重的，大义灭亲就不要说了，亲人因罪被诛本人仍然忠于职守的情况可谓比比皆是，至今仍然如此。至于南巡，巡狩是天子的职责，禹虽摄政并未正式登帝位，舜如果要南巡完全是正常的。

那么舜南巡的时候身边都带了什么人呢？这个史书记载不详，但显然他的身边并没有重臣陪伴。娥皇和女英也没有随他一同前往，也因此有了湘妃竹的传说，说在舜去世后娥皇女英千里寻夫来到湘江边，悲伤哭泣，泪洒竹干，竹干由此斑斑点点，后人遂称之为湘妃竹。关于这个传说，伟大的革命领袖毛主席曾写过一首诗《七律·答友人》，其中：“九嶷山上白云飞， 帝子乘风下翠微。斑竹一枝千滴泪，红霞万朵百重衣。”写的就是这一段。

西晋郭璞讲:“舜巡狩死于苍梧而葬之，商均因留，死亦葬焉。今在九疑之中。”这句话似乎说舜的儿子商均跟随舜参加了这次南巡，舜去世后，商均就留在了舜的葬地直到去世。

舜的葬地也有多种说法，但主流的说法的是今天湖南永州九嶷山。这里考古发掘出了规模宏大且时间最早的舜庙遗址，1972年长沙马王堆汉墓出土的帛书地图，被认定为约公元前168年制作，是迄今发现最早的地图，在这副地图上明确地表明了舜庙位于九嶷山下。

讲到这里，有必要简单介绍下尧舜时期的墓葬。考古发掘表明尧舜时期墓葬呈现出来的阶级和阶层分化已经非常明显，有棺椁齐备、规

九嶷山舜帝陵外景

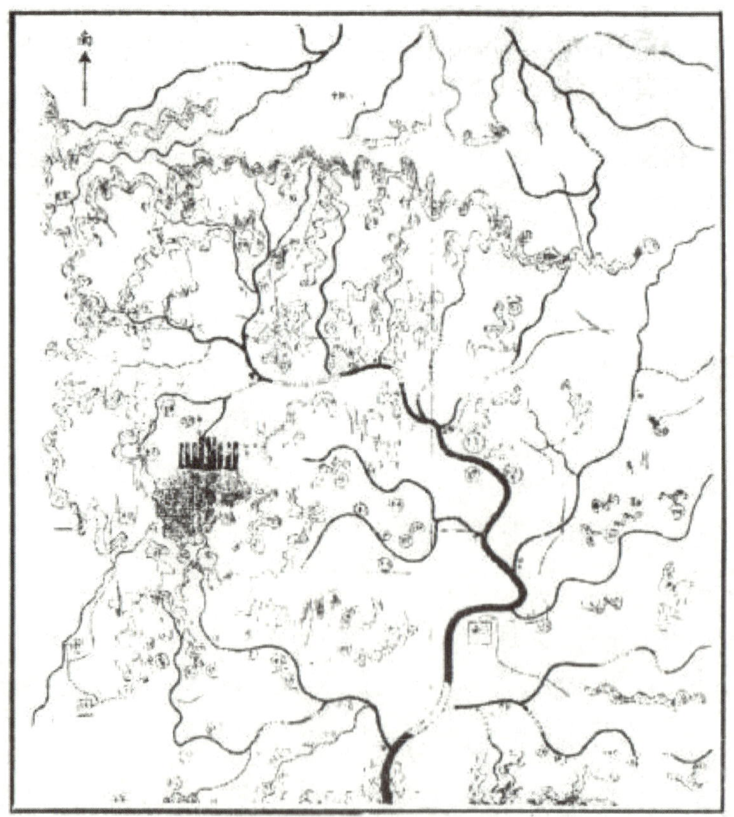

西汉马王堆古墓出土的古地图，图中标有九根柱状物的位置就是舜帝陵

格宏伟的大墓，陪葬品丰富，更多是普通的小墓，只有少量陪葬品甚至没有陪葬品。但不管大墓小墓都有一个特点，就是不封不树。封就是在坟墓上堆起土丘，树就是在这土丘周围植树。尧舜时期没有封树自然也没有墓碑，也更谈不上后起的墓志铭了。这也是我们今天考古面临的一个大难题，挖开龙山文化的古墓，根本无法断定这是谁的墓，而严谨的考古学又坚决反对用推测的方法来对号入座。关于舜的墓葬，墨子说："衣衾三领，谷木之棺，葛以缄之"。皇甫谧说："殡以瓦棺，葬苍梧九疑山之阳。是为零陵，谓之纪市。在今营道县，下有群象为之耕"。舜为天子，虽然生前提倡节俭，即便薄葬墓葬规模也应该不小。不过由于其不封不树，我们可能永远找不到或者不能确认他的墓葬了。

司马迁在叙述完舜的一生后，又专门做了点补充资料。

舜之践帝位，载天子旗，往朝父瞽叟，夔夔唯谨，如子道。

舜正式登帝位后，车上挂着天子的旗，去朝见父亲瞽叟，恭恭敬敬的一点不敢大意，完全是人子孝敬父母的态度。夔夔，和敬的样子。这讲的还是舜的孝道。舜正式继承帝位后，在孝道这个问题上没有搞任何特殊，仍然像个普通人家的孩子一样孝顺父亲。

封弟象为诸侯。

舜封弟弟象为诸侯。象是舜的同父异母弟，自幼欺负舜，长大后又谋划杀害舜，这个人的品行实在是让人不齿。对象的处置，舜也是费了心思的，象深受父亲喜爱，如果对他加以惩罚或者不管不问都会让瞽叟发怒。舜于是封象为诸侯，这样听起来很好，但实际上把他封到了偏远的三苗之地有庳，形同流放。而且据《汉书》记载："舜封象于有鼻，死不为置后，以为暴乱之人不宜为太祖。"这是很大的惩罚了。

有庳在今湖南道县北，接零陵县界。舜的做法客观上也给了象一个改过自新的机会，据说象到有庳后确有悔改，并且在很多方面做出了一定的贡献，传说他发明了一种棋，一直流传至今，就是用他的名字命名，称作“象棋”。后世还有人为他建了象祠，四时祭祀，香火还挺旺盛。有庳又称有鼻，所以象祠又被叫作鼻亭，象也被人称为鼻亭神。但后世儒家对象始终不认可，唐元和九年（814），道州刺史薛伯高认为象不仁不义，不应该祭祀，因此捣毁象祠。柳宗元还为此专门写了一篇《道州毁鼻亭神记》，对薛伯高的行动大加赞赏。

舜子商均亦不肖，舜乃豫荐禹于天。

舜的儿子商均也没有才能，舜于是向上天推荐禹来继位。舜娶娥皇女英，娥皇没有生育，商均是女英所生。尧当年也是因为儿子丹朱“不肖”所以没有传位给他，史书也记载了丹朱的“不肖”之行，尧批评他“顽凶”。但是商均的不肖却没有具体所指，看起来是舜认为他才能不如禹，决定禅位于禹。

十七年而崩。三年丧毕，禹亦乃让舜子，如舜让尧子。诸侯归之，然后禹践天子位。

舜禅位后十七年去世，三年丧期满后，禹也避让商均，像舜避让丹朱一样。诸侯仍然归顺禹，然后禹正式登帝位。

尧子丹朱，舜子商均，皆有疆土，以奉先祀。服其服，礼乐如之。以客见天子，天子弗臣，示不敢专也。

尧的儿子丹朱，舜的儿子商均，都有封地，用于祭祀祖先。穿各自专用的服装，礼乐也都用自己的。用客人的身份见天子，天子不把他们当作大臣对待，表示不敢专有天下。

# 第九章　结　语

中华文明五千年传承不息，是因为这个伟大的民族有着共同的历史记忆和优秀传统，在中华文明起源时期的英雄时代，历史传说和神话交织在一起记录下来的五帝就是这共同记忆的主体之一。在那个苦难却充满希望、艰辛却孕育着伟大的时代，舜承前启后，创建虞朝，将满天星斗、异彩纷呈的中华早期文明推向融合、统一的道路；他以身作则创建了中华道德伦理体系，开创了中华文明迥异于西方文明的以德治国的政治理念，又创建了中国历史上最早的法律制度，可谓是中华文明依法治国之发轫，德法兼治由此成为中国独特的治国理念；他拥有着那个时代最强大的军事力量，拥有着那个时代至高的宗教神权，但治国理政却主要基于道德的力量，这决定性地影响了中华文明数千年来的发展。中国古代社会直至今天的政治理念、中国民族国家宗教、民间宗教的发展、中国人的信仰、儒家文化等等无一不受到其深刻的影响。他的故事详细地记载在《尚书》《史记》等史料中，有人因为它们是传说而怀疑其历史的真实性，却无法否认它们内在的真实性。尧舜天下为公的价值理念和天下大同的伟大抱负，历经数千年至今，仍然是中华民族伟大复兴的重要价值基础。中华民族的团结、统一，中华民族在今天人类共同命运发展中将要发挥的积极作用，无不建立在这些光辉信念之上，我们完全有理由相信，这些光辉信念的产生不是来自于天命和神启，而是来自于一位真实的历史人物！即便我们永远弄不清楚这个历史人物的面目，那他也一定是舜这样的一个人。不可否认，后人的想象和民间的传说模糊了舜的真实形象，却让他在历史的迷雾中愈发崇高和光辉。一代一代的后人包括被尊为圣人的儒家创始人孔子，无不赞叹他的功绩。“天下明德皆自虞帝始”，中国历史上任何一位帝王、圣贤都难以超越他，他如同一座永不熄灭的灯塔，永远闪耀在中华民族历史长河的源头之上。所以我们说，舜的伟大和重要意义，既包括史料中对他的记载，也包含了后人对他的纪念。这纪念，绝非普通意义上的纪念，而是一个伟大民族的伟大纪念：我们不仅是为了纪念他一个人，更是为了纪念以他为代表的战天斗地、百折不挠、筚路蓝缕、艰辛创业、以天下为公、追求天下大同的中华先民们！为了纪念数千年来为中华民族团结、统一、发展、繁荣而无私忘我、前仆后继做出不懈努力的仁人志士！我们要继承他们所创造的伟大民族精神和优秀传统文化，为实现中华民族的伟大复兴而努力奋斗！

# 后 记

俯仰之间，寒来暑往，几度春秋。其中感慨，如鱼饮水，故小书完成之际，多言几句。拙文的写就首先归功于老领导谢玉堂先生。2007年起，时任山东省政协副主席的谢玉堂先生创建山东省大舜文化研究会，他对舜文化研究非常执着，也非常有心得。我有幸跟随做服务工作，受老领导的影响，对舜文化产生了浓厚的兴趣。十多年来，山东省大舜文化研究会在包括老领导在内的历任会长带领下，在探究中华文明起源、弘扬优秀传统文化方面取得了不少成果，我也跟随着学习了很多东西。多年的耳濡目染，萌生了一个想法：写一篇对《史记·五帝本纪》中关于舜的记载进行文本解读的文章，算是对自己这些年来学习成果的一个总结。初稿完成后，老领导谆谆指教，不择巨细，鱼鲁豕亥，务去讹误。且一再鼓励我可再做些修改补充，争取写成一本书正式出版。我深受鼓舞，按老领导的要求进行了修改扩充。随后请山东师范大学安作璋教授、山东大学张富祥教授教正。安作璋教授曾任山东省大舜文化研究会第一任会长，今虽鲐背之年，依然博闻强记并且非常严谨，对拙文从头到尾逐字批改，其中一些重要问题更是翻出资料耳提面命，并欣然应我请求为小书作序。张富祥教授对《史记》研究颇深，与我虽不熟悉，但在我登门求教时并未推辞，视若己生，认真审看后给我写了很长、很详细的修改意见。我在两位老一辈学者这里不仅学到了宝贵的历史知识，更从他们谦谦君子的大家风范中学到了做人的道理。本书在开始写作到后期修改的过程中，山东省社科院副研究员赵燕姣女士一直给予了无私的指导和帮助。在此，我向老领导和三位专家学者表示深深的敬意和衷心的感谢！同时，本书的完成也得益于山东省大舜文化研究会办公室工作人员惠荣荣、杜有林、李洋、郭笑天等同志的辛勤工作，以上所列难免挂一漏万，但感激之情将永存心间。

赵志刚

2018.3.28于舜城济南

附：本书即将付梓之际，安作璋先生遽然遁归，思先生一路以来对研究会及本人的提携之情，感激之情非言语能表，谨以此书献给我们永远的会长——安作璋先生！